名师名校名校长

凝聚名师共识
回应名师关怀
打造名师品牌
培育名师群体

星星之火，燎原之势

——广东省基础教育（揭阳）高中地理学科教研基地纪实

吴洁芬 / 主编

西南大学出版社

SWUP　国家一级出版社　全国百佳图书出版单位

图书在版编目（CIP）数据

星星之火，燎原之势 ：广东省基础教育（揭阳）高
中地理学科教研基地纪实 / 吴洁芬主编. -- 重庆 ： 西
南大学出版社，2023.12
ISBN 978-7-5697-2194-2

Ⅰ．①星… Ⅱ．①吴… Ⅲ．①中学地理课－教学研究
－高中 Ⅳ.①G633.552

中国国家版本馆CIP数据核字(2023)第257521号

星星之火，燎原之势 ——广东省基础教育（揭阳）高中地理学科教研基地纪实
XINGXING ZHI HUO, LIAOYUAN ZHI SHI —— GUANGDONG SHENG JICHU JIAOYU (JIEYANG) GAOZHONG DILI XUEKE JIAOYAN JIDI JISHI

吴洁芬　主编

责任编辑：高　勇
责任校对：符华婷
装帧设计：言之凿
出版发行：西南大学出版社（原西南师范大学出版社）
　　　　　　地址：重庆市北碚区天生路 2 号
　　　　　　邮编：400715
印　　刷：北京政采印刷服务有限公司
成品尺寸：170 mm×240 mm
印　　张：15
字　　数：228千字
版　　次：2023年12月　第1版
印　　次：2023年12月　第1次印刷
书　　号：ISBN 978-7-5697-2194-2

定　　价：58.00元

目录

第一辑　教研基地建设

第二辑　研究论文精选

第三辑　教学设计精选

第四辑　与基地共成长

第一辑

教研基地建设

学科教研基地项目启动论证

为贯彻落实中共中央、国务院及省委、省政府关于全面深化新时代教师队伍建设改革和教育教学改革有关部署要求，落实立德树人根本任务，充分发挥教研工作对保障基础教育质量的重要支撑作用，推动基础教育高质量发展，广东省教育厅组织开展了广东省基础教育教研基地项目建设工作，希望通过基础教育教研基地项目建设，深化教研机制创新，推动教研体系建设，推进课程教学改革和育人方式变革，全面加快高素质、专业化、创新型教研队伍和教师队伍建设，整体提升基础教育教学质量。

根据《广东省教育厅关于组织申报广东省基础教育教研基地项目的通知》要求，经自主申报、地市教育局审核推荐、专家评审、公示等程序，广东省教育厅评定145个教研基地为2021年广东省基础教育教研基地项目，包括学科教研基地89个、校（园）本教研基地30个、县（市、区）教研基地26个。首批教育教研基地项目完成时间为2023年12月31日。

2021年4月6日，广东省教育厅发出了《广东省教育厅关于公布2021年广东省基础教育教研基地项目名单的通知》，由揭阳市教育局教研室吴洁芬主持的广东省基础教育（揭阳）高中地理学科教研基地成为首批89个学科教研基地之一。学科教研基地项目承担单位——揭阳市教育局教研室按照学科教研基地项目建设与管理的有关要求，加大投入，配强人员，加强管理，充分发挥教研基地在全省教育教学改革中的示范、引领和辐射作用。学科教研基地项目负责人带领基地成员按照基地项目建设目标，认真完成基地项目主要任务，按照省级财政专项资金管理要求，加强资金管理和使用，在深化教研机制创新，推动教研体系建设，推进课程教学改革和育人方式变革，整体提升基础教育质量等方面发挥示范带动作用，为办好人民满意的教育做出应有的贡献。

附件：2021年广东省基础教育教研基地项目名单

2021 年 4 月 6 日

附件
2021年广东省基础教育学科教研基地项目名单

序号	所属地市	项目负责人姓名	承担单位	学科	学段
88	揭阳市	吴洁芬	揭阳市教育局教研室	地理	高中

2021年5月19日—21日，由广东省教育厅主办、广州市花都区教育局承办的2021年度广东省基础教育教研基地项目启动暨负责人培训活动在广州市花都区教育发展研究院举行，省教育厅有关人员、各地级以上市教育局分管负责人和2021年广东省基础教育教研基地项目负责人参加活动。广东省教育研究院教学教材研究室曾令鹏主任进行"教研基地项目实施办法"解读，部分教育教研基地负责人从项目建设背景、目标、内容、进度、人员分工、预期成效和保障条件等方面进行了教育教研基地项目实施方案的分享交流，为学科教研基地项目建设指明了方向，也提供了很好的范式和学习的榜样。培训会的成功举办，则吹响了教研基地项目全面建设的号角。

2021年6月18日上午，广东省基础教育（揭阳）高中地理学科教研基地第一次（线下）会议在揭阳第一中学榕江新城学校顺利召开。基地负责人吴洁芬老师首先介绍了学科教研基地申报的背景、过程和基本情况，然后传达了5月20日在广州市花都区召开的2021年度广东省基础教育教研基地项目启动大会的会议精神，接着汇报了基地前期开展的工作情况，包括团队组建、公众号运营、基地项目实施方案的撰写及外出交流活动情况等。基地助手倪婉玲老师介绍了《揭阳市省级高中地理学科教研基地项目建设实施方案（初稿）》，包括项目建设背景、项目建设目标、项目建设内容、项目建设进度安排、人员分工、预期建设成效及项目建设保障条件等。会议最后，吴洁芬老师带领基地项目组成员对实施方案细则进行逐项研讨。会后，各成员认真研读实施方案，提出建设性的修改意见，再对方案进行进一步的修订和完善。吴洁芬老师还针对成员的部门分配、团队的分工合作、课题申报、资源库建设、公众号运营、网站建设等事宜做了相关的部署。项目组成员表示将发挥各自专长和优势，努力推进学科教研基地项目建设，以星星之火，造燎原之势。

斗转星移唯初心不改，薪火相传唯使命不渝，苔花如米小，也学牡丹开。2021年9月10日上午，广东省基础教育（揭阳）高中地理学科教研基地项目论证会在揭阳第一中学榕江新城学校隆重召开。论证会邀请了广东省教育研究院地理教研员施美彬老师、北京师范大学珠海校区黄伟教授、华南师范大学地理科学学院徐颂军教授、江门市地理教研员郭长山老师、韩山师范学院地理科学与旅游学院地理科学系李坚诚副教授、韩山师范学院地理科学与旅游学院地理科学系讲师郑琰明博士和揭阳市教育局教研室李绪强主任作为评审论证专家。项目负责人、揭阳市地理教研员吴洁芬老师及基地项目全体成员、基地学校领导参加了评审论证会。

会议由广东省基础教育（揭阳）高中地理学科教研基地助手倪婉玲老师主持，以线上线下相结合的方式进行，项目负责人吴洁芬老师首先做项目建设实施方案报告，随后7位论证评议专家对实施方案进行点评论证，提出具有建设性的意见和建议。

一、项目建设背景

在日常视导中，常遇见以知识为教学导向，以教材或教辅为蓝本，以"满堂灌"的讲解为主要形式的课堂教学行为，以及机械重复训练、教学不能匹配学生的培养目标、课堂教学效率难以提升等问题。这些教学行为和问题已经存在很久，主要与教师的教育教学观念陈旧、难以更新有关，部分教师的教学行为还停留在依纲靠本、照本宣科、以练代讲、以考代教的阶段，在此种教育模式下，学生的学习行为也以死记硬背、机械记忆、模板化学习为主，导致学习效果不佳，能力难以提升。当然有一部分教师能够及时更新教学观念，并试图以新的观念指导课堂教学，但在实践中总是困难重重，如难以深刻理解课程理念、难以把理念转变为"我"的教学行为等。

2020年秋季开始，我省从高一年级起全面实施新课程标准（以下简称课标），使用新教材，国务院办公厅《关于新时代推进普通高中育人方式改革的指导意见》（国办发〔2019〕29号）明确提出了教师要深化课堂教学改革的要求，培养学生适应终身发展和社会发展所需要的正确价值观念、必备品格和关键能力。新一轮的课程改革对课堂教学提出了新的要求，也带来了新的挑战，陈旧的教学观念和落后的教学方式远不能适应新时代的要求，问题更为凸显，课堂改革势在必行。新教材和新课标在教学实施过程中会有很多问题亟须面对和解决，我们将通过学科教研项目基地建设，深化教研机制创新，推进高中地理课程教学改革和地理育人方式变革，加快建设高素质、专业化、创新型地理教师队伍，整体提升揭阳市地理基础教育教学质量，解决改革中的各种问题，落实立德树人根本任务。

二、项目建设目标

基于高中地理教学实际，聚焦"情境教学 学科育人"这一核心目标，以培养地理学科核心素养为导向，构建课堂实施模式，开发地理优质教研资源，构建高中地理教学实施体系，深入开展青年地理教师成长与培养途径研究与实践，为全市和全省地理学科课程与教学改革贡献经验，为广东省构建新型教研体系提供示范样例，推动基础课程改革。

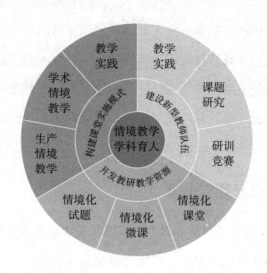

（一）构建课堂实施模式

破解课程改革这个难题，突破点在于课堂，在于教学实施。课堂是落实课程理念的主要阵地，也是课程改革的关键环节。基地将通过"基于地理学科核心素养的新教材情境教学的实践研究"，围绕新课标的实施、新教材的使用和新高考的变化，进行情境教学、主题教学和学业质量评价等研究与实践，通过课题研究、原创命题培训、各类教学竞赛等教学教研活动，引领教师转变教学观念，变革教学方法，构建教、学、评一致的地理课堂，探究课堂教学实施的范式。

（二）开发教研教学资源

面对基础教育改革的浪潮，教育信息化为新教育、新课程改革提供了一个很好的支撑点。本项目借助信息技术平台，探索地理教育教学与信息技术的融合，开发基于地理学科核心素养导向的优质教研资源，包括优质地理微课、优质课例、教学设计、教学课件、题库等，为推广教学成果、共享教学资源打下基础。

（三）建设新型教师队伍

华东师范大学钟启泉教授指出：教育改革的核心在于课程改革，课程改革的核心在于课堂改革，课堂改革的核心在于教师的专业发展。基础课程改革要牢牢抓住育人模式创新这一方向点，抓住落实深化课堂教学改革这个突破点，积极贯彻提升教师专业发展这个切入点。学科素养的培养要立足于课堂，教师的引领具有巨大的价值。基地将深入开展"地理教师成长与培养途径研究与实践"，以新课标实施和新教材使用为契机，以学科育人为目标，立足高中地理课程和课堂，通过高中地理课程建设、高中地理课堂变革等方式，研究青年教师的成长规律，组织开展教师培训与研修，探索青年教师的培养途径，促进青年教师专业上的快速成长，建设高素质、专业化、创新型的地理教师队伍。

三、项目建设任务与举措

（一）开展基于地理学科核心素养的情境教学课堂实践研究

在教育改革的新时代背景下，基地将围绕新课标实施、新高考评价体系出台、新高中地理教材使用进行建设，聚焦课堂教学实施和课堂教学改革，探索基于地理学科核心素养的高中地理情境教学实践研究，切实将地理学科核心素养的培养贯穿于地理教学中，通过情境教学，变革教师的教学方式和学生的学习方式，从地理教育教研的角度落实立德树人根本任务，提升全市高中地理教育教学质量。具体的举措如下。

（1）强化学习和研究，准确把握国家课程方案，领会课标的新理念，研读地理学科核心素养，深刻理解"一体四层四翼"高考评价体系，正确使用新教材和其他教学资源，提高课程实施和课堂教学的针对性和有效性。

（2）深入学校、课堂、教师、学生之中，紧密联系教育教学一线开展研究，发现和反馈新课程、新课标实施和新教材使用过程中出现的问题，改进教育教学工作，促进新形势下揭阳市地理教育的进一步发展。

（3）借助课题研究，助推情境教学实施，引领教师围绕地理学科核心素养，进行问题情境教学设计，以问题引领、学习情境贯穿等方式开展教学实践。

（4）通过一系列的比赛和培训活动，如微格课、微课、命题比赛等，推动课堂教学变革，转变教师的教学方式，推动"为了知识的教学"转向"基于素养的教学"；转变学生的学习方式，强调学习知识的生成性、体验性、文化性，让学生基于情境学习、问题解决建构知识结构。

（二）探索基于地理学科核心素养的教研资源开发与应用策略

开发—凝练—试点—推广，构建基于地理学科核心素养的优质教研资源体系，如优秀课例、教学设计、教学课件、微课视频、优质试题等，助推课堂教学变革，促进区域教育均衡发展。具体的举措如下。

（1）带领基地成员，整合现有的地理教研资源，以基地学校为依托，开展实践探索，并在实践中不断完善教研资源。

（2）通过一系列的比赛活动，如微格课、微课、命题比赛等，发挥基地成员的引领作用，开发基于地理学科核心素养的优秀课例、教学设计、教学课件、微课、优质试题等教研资源。

（3）借助课题研究，探索微课、试题等优质教研资源在课堂教学实施中应用的策略，提高课堂教学的有效性和教、学、评一致性。

（4）建设高中地理教学资源库和大数据资源共享平台，借助"揭阳地理教研"网络平台和"揭阳市省级高中地理学科教研基地"公众号，实现教研资源的共享和推广。

（三）探索青年地理教师的培养路径和方式

以4所基地学校乃至各县区的青年地理教师为主要研究对象，观察、总结青年教师的成长规律，探索适应其成长规律的培养路径，搭建平台，建设高素质、专业化、创新型的地理教师队伍。具体的举措如下。

（1）积极拓宽青年教师培训的通道，增加青年教师培训的路径，通过专家讲座、教学研讨会、访学等方式，倡导青年教师"读万卷书、走万里路、阅人无数、高人指点"，开阔他们的教学视野，丰富他们的教学视角，转变他们的教育教学观念；营造良好的学习氛围，开展教育教学理论学习和实践研究，举行交流活动，促使青年教师养成多读书、做笔记、教学叙事、教学反思等习惯，通过实践、反思，再实践、再反思，促进其专业素养的提升。

（2）积极搭建青年教师发展平台，举办各类教育教学比赛和教研成果评选活动，如青年教师教学能力比赛、解题比赛、微课视频制作比赛、命题比赛，以及教学论文、教学设计、教学课件等教研成果评选等，促进青年教师基本功提升和专业成长。

（3）优化青年教师的培养机制及方式，以课题研究为引领，以具有实践意义的任务为驱动，针对课堂教学实施、教研资源开发与应用等课题组建研究团队，通过课题研究带动青年教师专业成长，成为"以研促教"的先行示范者。

（4）搭建教研平台，创设交流机会，开展主题教研、校际交流、送教下乡、专题讲座等活动，促进基地学校之间、基地学校与非基地学校之间的交流；以基地学校为主阵地，以基地成员为主力，发挥基地成员的专业引领和示范作用，辐射全市高中学校，促进青年地理教师快速成长，提升揭阳市地理教学教研水平。学科教研基地将建构"市—县（区）—校"教研体系，引领全市地理教师参与学科育人研究和实践，形成"教研员组织设计—骨干团队研究示范—全体教师实践参与"的教研模式，促进全市地理教师，尤其是青年教师的快速成长。

四、项目建设保障条件

（一）人员保障

项目负责人吴洁芬老师有丰富的一线高中地理教育教学教研经验，曾在汕头达濠中学、揭东第一中学、揭阳第一中学3所不同层次的高中任教，共计20年，对于全市不同层次学校的学生地理学科学习情况和地理教师师资状况有一定的了解和认识。教研工作岗位更凸显了她较强的沟通协调、组织活动、专业引领能力。在她的带领下，近几年全市地理教研教学活动异彩纷呈、亮点频现，特别在省级各种师生赛事中，揭阳市地理教师和学生以认真的态度、专业的素养、奋斗的身影赢得了一次又一次的掌声，尤其在近3届广东省青年教师教学能力大赛中，揭阳市地理学科的表现更为突出，为揭阳教育赢得了荣誉，增添了光彩。

通过遴选加入学科基地的20位成员中，包含两位副高职称的、教学教研工作经验丰富的县区专职教研员，两位主持过省、市级地理课题的教师，其他所有教师均为各学校的骨干老师，其中有教育教研教学经验丰富的市地理名教师，也有专业素养高、富有干劲活力的年轻骨干教师。基地成员热爱党和人民的教育事业、师德高尚、教育理念先进，在育人方式变革、课程教学改革和教研方式变革方面都有正确的认识和积极的态度，有强烈的学习热情和刻苦的钻研精神，也有一定的教育教学科研能力。如此优秀的教师们组成了一个富有活力、激情、创新的老中青教师相结合的团队。

（二）组织保障

学科基地所遴选的4所基地学校均为基地成员所在学校，校领导都大力支持并尽力协助学科基地开展各项研究工作。拟成立市、区、校3级研究团队开展工作，组织架构合理，研究思路清晰，基地成员专业能力强、执行效率高、责任心突出，能起到很好的引领作用。选择专业能力强、执行效率高、责任心突出的教师担任一线研究人员，因为他们拥有丰富的教育实践机会，能够群策群力、集思广益，探索基础教育地理学科教研的新范式，再通过实践、反思、修正，最终将研究成果上升为区域的教学模式并加以推广。

（三）经费及空间保障

除了广东省财政厅"新强师工程"（第一批）基础教育教研基地项目补助资金，揭阳市教育局还将不遗余力为基地研究提供人力、财力、物力等保障，以保证基地工作的顺利开展。

五、项目建设专家评议

北京师范大学珠海校区黄伟教授对基地整体框架做出了肯定，认为基地的建设目标清晰、实施措施具体、保障条件充分、机构设置合理，基地建设前景可期；另外，他从扩大基地在粤东地区辐射范围，与珠三角的其他基地协作和联系，将中年骨干教师纳入基地建设范畴和项目成果生命周期长期化等方面提出了具体建议。

江门市原地理教研员郭长山老师也肯定了基地整体框架，认为基地的建设目标定位非常准确、项目措施齐全、方向正确、可操作性强。他从赋分制方面

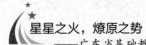

建议基地调整高中地理学科的定位，提高学科自信，还建议基地未来要充分利用现代技术，搭建更现代的、可评价的学科平台。

韩山师范学院地理科学与旅游学院地理科学系郑琰明博士认为该项目的建设实施方案细致剖析了揭阳地区在地理教育教学方面存在的问题，并提出了针对性的改进措施和实施方案，整体设计非常周密。她从专业的角度在经费预算、研究成果呈现方式和项目情境教学特色方面提出了具体的建议。

韩山师范学院地理科学与旅游学院地理科学系李坚诚副教授评价项目建设实施方案逻辑清晰，焦点明确，期待项目的实施。她具体从项目成果专著出版方面提出建议，并建议将地方特色乡土地理作为情境教学的资源，利用学生熟悉的地理现象培养学生的地理学科素养；建议尝试结合思政，利用揭阳市丰富的红色资源培养学生的爱国情怀。

华南师范大学地理科学学院徐颂军教授对基地现有的"市—县（区）—校"三级联动教研工作机制的创新性和可操作性给予了肯定，认为基地的师资培养为重中之重，并对地理学科如何实现学生核心素养提出了详细意见和建议。徐教授鼓励一线教师勇于带领学生走进野外，以此培养师生的地理实践能力，达到落实地理学科核心素养和立德树人的目的。

广东省教育研究院地理教研员施美彬老师认为，基地作为首批学科教研基地和粤东西北地区唯一的高中学段地理教研基地，应提高自己的站位，努力打造粤东地区高中地理学科的品牌，并建议项目建设要立足粤东特色、完善课程教学理论、重视问题导向，对标省教育教学成果奖，加强学习，将项目建设提升到更高水平，真正落实情境教学和学科育人。

揭阳市教育局教研室李绪强主任高度赞赏吴洁芬老师的责任和担当，指出该项目前期做了大量准备工作，才保证基地建设目标明确，理论先进，任务具体，实施过程很清晰，预期成果明确、丰富。在"双减"政策下，李主任建议要进一步完善实施方案，增加针对作业和练习的研究，物化教研成果，完善工作机制，形成学科的运行策略，使基地顺利建设和有效运作。

学科教研基地项目的主要教育教学观点

基地项目建设始于新课标实施之际，"三新"背景下如何更好地落实立德树人根本任务，"为谁培养人，培养什么人，怎么培养人"等问题对教育教学提出了具体的要求，也引发了教育者的进一步思考和实践。什么是教育？我们认同德国哲学家卡尔·西奥多·雅斯贝尔斯的观点："教育的本质意味着一棵树摇动另一棵树，一朵云推动另一朵云，一个灵魂唤醒另一个灵魂。"

"三新"背景下，以"推动人的发展"和"以人为本"的教育思想指导教育教学工作，以新时代"有理想信念、有道德情操、有扎实知识、有仁爱之心"的"四有老师"要求自己，积极转变教育教学观念。

第一，做好角色转换，从以教师为中心向以学生为中心转变，避免"满堂灌""一言堂""疲劳轰炸"等现象。

第二，调整教学目标，从知识的传授向能力培养、素养培育转变，扭转重"知识讲解"、轻"能力训练"等现象。

第三，转变教学方式，从教师传授知识模式向学生探究知识模式转变，改变重"输入"、轻"输出"等现象。

"三新"背景下，立德树人，培养"有理想、有本领、有担当"三有新人，倡导新的学习方式，如任务驱动学习、合作学习、体验式学习等，主要从以下方面引导学生转变学习方式。

第一，创设教学情境，把知识问题化、问题情境化，让学生在真实、复杂的地理情境中发现地理问题、直面地理问题、解决地理问题，注重知识的生成过程和地理事物的形成过程，让知识在运用中得到巩固，能力在运用中得到提升。

第二，设置教学问题，按照知识逻辑或学生认知逻辑进行追问，形成问题链条，让学生在不同层次、不同复杂程度、不同结构的教学情境中去探究地理问题，进行深度学习，培育地理学科核心素养。

第三，创设展示机会，如手抄报、分享会、展示活动等，让学生把所学、所想、所做通过多种形式进行展示，从"输入式"学习向"输出式"学习转变，提高学习效率，实现高质量学习。

"三新"背景下，从"教教材"到"用教材"转变：教材不再是课堂教学的唯一蓝本，而是教学中使用的一种很重要的素材。过去教材是学生的世界，现在世界是学生的教材。课堂教学中可以根据需要选择学生喜闻乐见的，生活中的地理事物、地理现象和鲜活的时事要闻作为素材。教师可以开发乡土地理教材、校本教材等，利用不同的载体，多角度培养学生的核心素养。但是，在"用教材教"的时候，还是要把握一个度量，教材凝集了专家和名师对课标的精准解读，最能体现新课标的理念和对地理学科核心素养的培育，因此在课堂教学实施过程中，仍要凸显教材的重要地位，不能用其他素材完全代替教材，导致本末倒置，偏离方向，影响教学效果。

学科教研基地项目的成员及基地学校

2020年12月27日，广东省教育厅发出《广东省教育厅关于组织申报广东省基础教育教研基地项目的通知》，要求在2021年1月10日之前报送申报材料。根据学科教研基地项目申报条件，学科教研基地项目以地级以上市教研机构为申报单位，由学科教研员牵头，地级以上市、县（市、区）学科教研员及学校骨干教师组成教研团队；项目负责人所在教研机构按照国家课程方案及有关文件要求配备专职教研员，申报时在编在岗教研员配备至少达20人；基地项目负责人应该为在编在岗职学科教研员，具备副高级以上职称，拥护中国共产党的领导，师德高尚，教育理念先进，紧紧围绕立德树人根本任务开展本职工作，有较强的教育教学实践、研究能力和较高的学术声望，近5年学科教研成效显著。

在时间紧、任务重的情况下，我们按照学科教研基地项目申报条件要求挑选了20名师德高尚、业务精湛、善于团队协作的团队成员，其中既有市、县区学科教研员，又有学校骨干教师，范围涵盖了市直高中、县区重点中学，公办学校和私立学校；还挑选了揭阳第一中学、揭阳第二中学、揭阳第一中学榕江新城学校和揭阳华侨高级中学4所基地学校。

一、基地成员风采

基地负责人吴洁芬：揭阳市中学地理教研员，中学地理高级教师，广东省

教育学会中学地理专业委员会常务理事，粤东基础教育首席专家，揭阳市地理学科带头人，毕业于北京师范大学地理科学学部（原地理系）。2019年被揭阳市人力资源和社会保障局认定为中高级人才，2010年荣获"广东省中学地理优秀教师"称号。

基地助手倪婉玲： 2015年毕业于华南师范大学地理科学学院，2019年考入华南师范大学攻读非全日制硕士研究生，现任教于揭阳第一中学榕江新城学校。2016年参加第二届广东省中学地理教师技能展示交流活动荣获一等奖，2017年参加首届广东省中小学青年教师教学能力大赛荣获一等奖。论文《地理学科核心素养目标下的情境教学研究——以"农业区位因素"为例》和《基于核心素养的问题式教学——以"水循环视角看车陂内涝"为例》荣获广东省中学地理教学成果评选展示活动一等奖。

基地成员李金丽： 揭阳市榕城区教育局教研室地理教研员，中学地理高级教师。2020年被揭阳市人力资源和社会保障局认定为中高级人才，荣获第八届"广东省优秀中学地理教育工作者"荣誉称号。作为揭阳市榕城区地理学科带头人，她在地理学科的教学教研中起引领作用，指导青年教师参加各类赛课，多次获得省级奖项；在市、区开展评教评学、示范课和讲座数十场，担任各级教学教研评比评委工作；主持或参与多个省级、市级课题研究，2020年主持了广东省教育科学"十三五"规划课题"基于地理学科核心素养培养的高中地理情境教学实践研究"（课题编号2020YQJK577）；多篇论文、教学设计获得省级、市级的一、二、三等奖，另有两篇论文发表于《揭阳教育》。

　　基地成员廖树标：揭阳市揭东区教育局教研室地理教研员，中学地理高级教师，广东省地理学会会员，毕业于华南师范大学地理系。在《中学地理教学参考》《地理教育》《广东教学研究》《中学生政史地》《广东教育·高中》等刊物发表论文、热点地理试题和高考地理模拟试题20多篇（套）；1999年、2003年、2005年被评为"揭东县优秀教师"，2005年9月被评为"揭阳市优秀教师"，并受到市委、市政府表彰，2008年被评为"广东省优秀中学地理教师"。

　　基地成员黄玉：中学地理高级教师，广东省地理学会会员，地理空间工作室成员，2020年6月被聘为华南师范大学本科师范生兼职导师。专科毕业于汕头教育学院地理系，后通过自学考试考入华南师范大学教育管理专业。主持过省市级课题，教学设计、论文在省教研成果评选活动中获奖，在《中学地理教学参考》《当代中学生报》等杂志发表多篇文章，并参与一些教学辅导书的编写。分别于2006、2013、2014、2021年荣获"揭西县优秀教师"称号；2016年荣获第六届"广东省优秀中学地理教育工作者"荣誉称号；2019年荣获"揭阳市优秀教师"称号，先进事迹刊登在2019年9月25日的《揭阳日报》上；2020年荣获第十届"潮汕星河辉勇师表奖"。

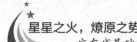

基地成员黄桂锋：中共党员，揭阳第一中学榕江新城学校教研室主任。2003年毕业于华南师范大学地理科学学院，获理学学士学位。2008年被评为市教育局直属机关优秀党员，2010年荣获"广东省优秀中学地理教师"称号，2019年参加第三届广东省高中地理教师命题比赛荣获二等奖。担任十多届高三毕业班教学工作，参加2017—2018年跨年度广东省骨干教师培训，主持广东教育学会教育科学"十三五"规划课题"全国卷背景下地理主题式教学研究"；多篇论文在广东省中学地理优秀论文评选活动中获奖，并发表于《中学地理教学参考》和《揭阳教育》等杂志。

基地成员黄金顺：高中信息技术高级教师，网络工程师、软件工程师，揭阳市电子政务专家组成员，毕业于华南师范大学计算机科学与技术专业。2006年8月至今，在揭阳市教育局教育信息中心教研室工作，现为揭阳市教育局教研室通用技术和综合实践活动教研员，致力于云计算、大数据、物联网、移动互联网、人工智能等新技术的研究，有较强的研发能力。2010年被教育部教育管理信息中心评为"2009—2010年度全国教育门户网站建设先进工作者"；2012、2015年被广东省教育厅评为"广东省计算机教育软件评审活动组织工作先进个人"；2015年，研发并运营管理的"揭阳市县域教育互动资源平台"荣获广东省计算机教育软件二等奖；撰写论文《云计算学习资源推送在中小学电脑制作中的关联应用探究》发表于《中国教育信息技术》总第225期，论文《教师网络研修云平台个性化学习资源推送机制及模型研究》发表于《教育信息技术》总第263、264期；主持并承担广东省教育科学"十二五"规划教育信息技术专项课题"欠发达地区基于区域云的个性化学习资源推送机制和模型研究"（课题编号12JXN058）并于2016年结题；自主开发"基于云服务模式的教育资源和教育管理平台V1.0"，于2018年获得中华人民共和国国家版权局计算机软件著作权登记证书。

基地成员许裕婉： 现为揭阳第一中学地理教师，庄惠芬名师工作室学员，毕业于华南师范大学，喜爱地理和旅游，教学经验丰富，解题、命题能力强，曾荣获广东省高中地理命题比赛一等奖、第二届广东省中小学青年教师教学能力大赛高中地理组一等奖（第二名），以及第一届广东省中学生地理研学旅行成果交流展示活动"优秀指导老师"称号。

基地成员姚莲君： 揭阳第一中学教师，中学地理二级教师，毕业于华南师范大学，华南师范大学学科在职教学硕士。自2015年任教以来，积极参加教学教研活动，曾在2017年粤东第二届微课大赛中荣获二等奖，在2019年揭阳市地理教师现场微课视频制作比赛中荣获一等奖。

基地成员胡奕冰： 揭阳第一中学教师，2017年毕业于华南师范大学地理科学学院，从教以来，认真钻研教学。2020年参加第四届广东省高中地理教师命题比赛荣获一等奖，2021年参加第四届广东省中学地理微课制作交流展示活动荣获高中组一等奖，参加揭阳市现场命题比赛荣获一等奖。

基地成员李玲：任教于揭阳第二中学，中学地理二级教师，毕业于华南师范大学，学士学位。2019年被评为揭阳市优秀共青团干部，2021年认定为揭阳市级地理骨干教师；2017年12月参加首届广东省中小学青年教师教学能力大赛（高中地理组）荣获二等奖，2019年9月参加揭阳市高中地理教师命题比赛中荣获一等奖。

基地成员陈焕敏：任教于揭阳第二中学，中学地理二级教师，毕业于华南师范大学地理科学学院，学士学位。热爱教研，积极参加省市各类教育教学比赛且多次获奖，2016年3月荣获广东省教具制作比赛二等奖、揭阳市优秀自制教具评选活动一等奖，2021年1月荣获揭阳市地理教师现场微课视频制作比赛二等奖。

基地成员刘晓虹：揭阳第一中学榕江新城学校地理教师，2019年开始担任高三年级教学工作。撰写的教学论文、教学设计多次在广东省中学地理教学教研成果评比活动中获奖，多次参加市命题比赛、解题比赛和教学能力大赛并获奖；曾参与广东教育科学"十三五"规划课题"多媒体信息技术背景下，地理课堂'三板'必要性的研究"，并顺利结题。

基地成员洪佳：中共党员，邱金元纪念中学地理教师，中学地理二级教师，学校地理教研组长兼高三地理备课组长，榕城区高中地理学科教研组成员，毕业于南通大学地理科学（师范）专业。多次参加省、市、区教学成果评比及能力竞赛活动，获得优异成绩；参与中小学教师教育科研能力提升计划项目——"基于地理学科核心素养培养的高中地理情境教学实践研究"；多次在揭阳市命题培训活动中开设专题讲座。

基地成员卢燕卿：中学地理二级教师，曾为广东省张铁牛名师工作室成员，于2023年成为揭阳市第二批中小学骨干教师，毕业于广州大学。在各级教育教学成果评比及能力竞赛中获得优异成绩：在科研方面，作为主要成员参与揭阳市"十三五"教育科研规划课题和广东省"十三五"教育科研规划课题，主持了揭阳市榕城区第六批小课题并且顺利结题，发表论文多篇。

基地成员林梓枫：揭阳华侨高级中学地理教师，从教3年，工作态度端正，认真负责，连续3年荣获学校年度绩效考核一等奖。作为成员参与广东省"十三五"教育科研规划课题及榕城区第六批课题。2020年荣获榕城区高中地理"新理念、新教材、新高考"教学课件比赛二等奖。

基地成员李燕敏：揭东第一中学地理老师，中学地理二级教师，毕业于华南师范大学地理科学学院。从教以来，认真钻研教学，不断提升自己，曾于2018年荣获揭阳市高中地理教师命题比赛二等奖，2019年荣获揭阳市高中地理教师命题比赛二等奖，2021年荣获揭阳市第二届高中地理青年教师解题比赛一等奖；选送论文荣获2020年广东省中学地理教学论文评选活动省级二等奖。

基地成员陈淑芸：任教于河婆中学，中学地理二级教师，2018年毕业于华南师范大学地理科学学院，理学学士学位。自2018年任教以来，热爱地理教育事业，积极主动参与地理教研活动，担任高一年级地理备课组长。2019年5月被揭阳市人力资源和社会保障局认定为中高级人才；2020年8月撰写论文《基于地理学科核心素养的体验式地理课堂探究》荣获县二等奖，同月获评校级"优秀教师"和"优秀班主任"，11月荣获广东省中小学项目式学习案例征集评选活动二等奖，12月教学设计"热力环流"荣获广东省中学地理教学设计评选活动二等奖；2021年9月荣获市级"高考优秀监考员"称号。

基地成员郑艺钰：揭阳第一中学榕江新城学校地理教师，2020年毕业于华南师范大学地理科学学院，理学学士学位。爱岗敬业，教学成绩突出，积极参加各级教研活动，多次在揭阳市微课视频制作、命题比赛、微格课评比中获奖，撰写的教学课件、教学设计在广东省中学地理教师教研成果评比中获奖等。

二、基地学校风采

（一）揭阳第一中学

揭阳第一中学是一所历史悠久、业绩卓著、声誉远播的粤东名校，是揭阳市重点中学、广东省一级学校、广东省国家级示范性普通高中。其前身"榕江书院"，创建于乾隆八年（公元1743年）。悠悠两个多世纪以来，学校培英毓秀，英才辈出，桃李满天下，饮誉海内外。

近年来，揭阳第一中学与时俱进，不断更新办学理念，探索并确立了"育人素质化、教学精品化、办学国际化"的宏观办学思路，明确了办学发展方向，有效提升了办学品质，教学业绩实现跨越式发展。学校实施育人素质化工程，实施现代化德育管理模式。学校成立了十几个学生社团，校园文化活动丰富多彩；学生参加各级各类竞赛成绩斐然，其中各科奥赛团队、模拟联合国团队、机器人团队、创客团队多次在国际、全国和全省的比赛中获得优异成绩。同时，学校大力推进办学国际化进程，连续8年每年均有同学获得新加坡SM2免费留学资格。学校实施教学精品化工程，大幅度提高课堂教学质量，学生在高考中表现突出。

揭阳第一中学地理科组，以学习与合作为特色标签。自身不断学习、同事间相互合作学习是科组教师内发式的习惯，整个科组的教师，哪怕是临近退休

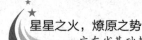
的老教师，都始终保持学习的心态，不断迎接新的变革和挑战。近年来，科组教师在省市各级教研比赛中不断取得优异成绩，学生的自主探究能力也得到了增强，不仅在高考中获得优异成绩，还在国家、省级天文和地理竞赛中获得突出成绩，地理成为学校的优势学科之一。

地理科组长郑敏贵，中学地理一级教师，其教育理念为"教师要做好学生的引路人"。他担任揭阳第一中学星纪天文社的指导老师，引导一中学生创立了揭阳一中经纬地理社，搭建了地理爱好者交流学习的平台；善于引导学生学会主动学习，相互学习，共同进步，相信最好的教研不仅可以让教学变得轻松，凸显教学目的性和针对性，打造多彩丰富的地理课堂，还可以让学生学会以地理空间的视角看待世界，真正实现地理教学的价值。他多年奋斗在高三教学一线，教学成绩突出，积极承担市级公开课、高考备考会专题发言任务，效果良好；2016年荣获"广东省中小学生天文奥赛优秀指导老师"的称号，在《中学地理教学参考》编辑部举办的2013年全国中学地理教研成果评比活动中荣获一等奖。

（二）揭阳第二中学

揭阳第二中学是由创办于1904年的百年名校揭阳师范学校改制而来的，是直属揭阳市教育局管理、面向全市招生的普通高级中学。学校实行精细化管理和小班额教学，现有50个教学班，学生总数有2 749人。学校校园布局合理，环境优美，幽雅宁静，各类现代教育教学设施配套齐全，设备先进。学校师资力量雄厚，在编教职工280人。其中硕士研究生14人，中学特级教师1人，高级教师83人，中级教师125人，南粤优秀教师3人，"广东好人"称号获得者1人，

"潮汕星河辉勇师表"奖获奖者2人,以及一批市级骨干教师和学科带头人。在学校领导班子的带领下,全校教职工团结协作,勤奋工作,潜心育人,取得了一系列成绩和荣誉。学校为全国高考定点考场,广东省现代教育技术实验学校,高考成绩优异学校和未来教育项目推广示范学校。

揭阳第二中学地理科组是一支由中年教师担纲,以青年教师为主体的团队。组中现有教师13人,其中中学地理高级教师5人、一级教师2人、二级教师6人。在市教研室的指导下、在学校领导的关心支持下,地理科组的教师团结协作,勤恳耕耘,积极进取,扎实开展素质教育,积极探索新课标的课堂教学模式,不断提高教育教学质量。校地理科组积极承担省市各级课题,鼓励青年教师积极参加学校和市教研室组织的教学技能、论文及试题设计比赛,以老带新,积累经验,促进教师队伍的整体成长,逐渐打造了一支较高素质的教师队伍。在地理科组教师们的努力下,揭阳第二中学地理高考成绩居全市前列,地理科组的青年教师连年在省市各项教研教学活动中取得优异成绩。地理科组于2017年被评为广东省优秀教研组,成为我市首个获此荣誉的高中地理教研组。

地理科组长杨晓萍，中学地理中高级教师，毕业于华南师范大学地理系（现地理科学学院），理学学士。她多年担任高三地理教学工作，承担过揭阳市市级公开课授课任务；近几年一直担任揭阳市中考地理科改卷学科组长和揭阳市"一模"改卷学科组长。

地理科组长李桂锋，揭阳市高中地理命题工作坊成员，2013年毕业于华南师范大学地理科学学院，理学学士学位，他于2021年被评审认定为揭阳市首批中小学骨干教师，2023年被评选为揭阳市教育系统优秀教师。李桂锋老师于2016年荣获揭阳市中学地理教师技能展示活动课堂展示一等奖，同年荣获第二届广东省中学地理教师技能展示交流活动课堂展示高中组一等奖；2019年荣获揭阳市地理教师现场微课视频制作比赛一等奖；2020年荣获第三届广东省中学地理微课制作展示活动一等奖；2021年荣获揭阳市第二届高中地理青年教师解题比赛一等奖，揭阳市高中地理教师命题比赛一等奖，揭阳市高中地理教师现场命题比赛一等奖，第五届广东省中学地理教师现场命题比赛（高中组）三等奖，第三届广东省中小学青年教师教学能力大赛揭阳市高中地理学科初赛（第一阶段）选拔赛二等奖；论文《欠发达地区高中生地理实践力的培养初探》在2021年广东省中学地理论文评选活动中荣获一等奖。

（三）揭阳第一中学榕江新城学校

揭阳第一中学榕江新城学校是揭阳市教育局直属管理的公办普通高级中学。自2019年7月设立以来，学校以"领导放心、社会认可、家长信赖、学子向往"为发展目标，以"依托揭阳一中优质资源，打造校园文化，提高教学能力，提升育人水平"为办学思路，理念先进、特色鲜明、成果显著，办学质量和水平不断提升，各项事业蒸蒸日上。

学校校长黄玩波，中学数学高级教师，为原揭阳第一中学主管教学教研工作的副校长，有多年教学科研和师资管理经验，精于高考备考前沿信息的收集分析和备考方案的制定落实，与省内外多所名校和教研机构联系密切，是我市的资深高考备考专家。

学校行政管理团队教育理念新、专业素养高、科研水平强，敬业尽责；教师队伍结构合理、中青结合，既有学科引领、经验丰富的骨干教师，又有毕业于重点大学的青年教师。青年教师正处于最具活力与创造力、最具热情与干劲的年龄，他们思维活跃、善于学习、勤奋能干、勇于创新，在学校这片热土上耕耘和收获，在这座知识殿堂中精益求精，追求跨越发展，"团结、勤奋、求实、创新"的校训指引着他们以"全心全意培养学生德、智、体、美、劳全面发展"为方向而不断进取。

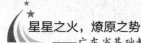
学校教学环境优美，设备设施完备先进，实行全封闭管理，建立、执行严格规范的常规管理制度，实施严格的学生手机管控制度和一系列安全应急措施，保证学生在校期间得到安全、健康、良性的发展。校园文化活动丰富多彩，不定期开设励志教育、学习方法指导、卫生健康教育等方面的专题讲座；举办高考百日誓师、"十八岁"成人礼、书画展、文艺汇演和校运会等校园活动；开设有青年志愿者服务队、文学社、IT社等10多个各类学生社团组织。丰富的校园活动不仅在严谨、紧张的校园文化底色中增加了活泼、靓丽的色彩，还为广大学生的全面发展打下了坚实的基础。

揭阳一中榕江新城学校地理科组年轻教师居多，是一支在几位经验丰富的老教师的带领下充满活力、勇于挑战的年轻教师队伍。地理科组中共有17位教师，其中高级教师2位、研究生学历的教师2位、一半以上教师毕业于华南师范大学等重点大学。自成立以来，地理科组教师积极参加广东省、揭阳市的各类教学比赛和教研活动。近4年来，科组教师共获得区级以上荣誉40多项，已申报立项课题3个，结题2个。

地理科组长林锐农，从事教育教学工作已逾32个春秋，为中学地理高级教师。林锐农老师多次被评为优秀班主任和优秀教师，多次获得学校"高考成绩特殊贡献奖"和"名教师名班主任"称号；学校校刊封面人物，接受过《揭阳日报·教育周刊》的采访。他的教育教学能力非常强，担任学校教研组长近20年，始终奋斗在教学第一线，任职期间，所写论文多次参加广东省中学地理教学成果评选，荣获二、三等奖，参与学科课题研究并已结题。

（四）揭阳华侨高级中学

揭阳华侨高级中学创办于1957年，校名为全国人大常委会原副委员长廖承志同志所题。学校占地面积18万平方米（近270亩），建筑面积12万平方米，是揭阳市占地面积最大的高中。学校办学条件优越，育人环境一流，文化建设突出人文性，建有孔子书院和粤东地区最大的体育馆——念慈体育馆。

学校坚持"文化立校、质量强校、特色兴校"的发展战略，践行"日新其德，日勤其业"的校训精神，以"成就与发展"为办学理念，以"培养有尊严和时代精神的公民"为培养目标，以"深研精教、激发潜能、促进成长"为教学理念，以"健身心、兴人文、重创造、求发展"为校风，以"勤谨、笃学、精进、超越"为学风，努力打造"注重人文、国际视野、艺体见长"的办学特色。

学校获得全国精神文明建设工作先进单位、全国民办教育先进集体、国家级青少年体育俱乐部、广东省国家级示范性高中、广东省普通高中教学水平优秀学校、广东省文明单位、广东省依法治校示范校、广东省德育示范学校、广东省"书香校园"、广东省网络安全示范学校、广东省现代教育技术实验学校等荣誉30多项。

学校具有"高进优出、低进高出"的培养优势，教学质量不断提高，高考成绩连创新高，连续多年被授予"揭阳市高考成绩优异单位"称号，得到学生、家长和社会各界人士的高度赞誉，成为广东工业大学、广州大学、汕头大学、广州中医药大学等大学的优质生源基地。

学校尽最大可能地为每一个学生创造获得成就的机会，努力促进全体学生的全面发展，设立了"个性发展奖"，以奖励在任何一个领域表现优秀的学生。学校现有演讲与口才协会、华苑文学社、潮武武术社、KOB舞蹈社等23个学生社团。

学校不断提高办学条件，全面提高"立德树人"水平，力争把学校办成充满朝气和活力、人文氛围浓厚、内部管理规范高效、教育教学质量好、学校文化辐射力强、社会信誉度高的创新型特色高中。

揭阳华侨高级中学地理科组，以"传帮带"特色为标签。组内教师主要分为资历较深的老教师及新入校不久的青年教师。为培养学校地理教师的中坚力量，地理组积极开展"传帮带"培青工作，让老教师与青年教师在这一过程中互相学习，不断进步，同时在科组中形成浓厚的学习氛围。近年来，青年教师经过培养，工作上手快，大部分已成为学校的中坚力量，均获学校业绩一等奖的殊荣。同时，揭阳华侨高级中学地理科组积极参与区、市、省各项比赛并多次获奖，被揭阳市榕城区教育局教研室评为优秀地理教研组。

地理科组长黄填波，榕城区教育局教研室地理学科组成员，本科学历。1992年8月毕业后参加工作，2004年评为中学地理高级教师，长期在高三任教。黄填波老师主持和参加过市、区级的教研教学工作，多次参加省市级教学论文、课件设计比赛并获奖，为学校培青工作做出杰出贡献；2014年荣获"广东省优秀地理教师"称号。

地理科组长卢燕卿，毕业于广州大学地理科学学院。多年在高三任教，担任学校地理科教研组长、高三备课组长，所带科目高考成绩优异，所在地理科组于2023年被评为"科普教育优秀地理科组"。卢燕卿老师于2023年荣获揭阳市第二批"市级骨干教师"称号；主持和参加市、区级的教研教学工作，多次参加省市级教学论文、教学设计比赛并获奖；动员学校青年教师积极参与各类比赛；2022年指导林禹琪、黄宏漫老师荣获揭阳市微格教学比赛一等奖，为学校培青工作做出杰出贡献。

学科教研基地项目建设的具体内容

学科教研基地项目论述会圆满结束，意味着项目建设正式扬帆起航。广东省基础教育（揭阳）高中地理学科教研基地植根揭阳，立足粤东，放眼全省，在"学中做，做中学"的理念中稳步推进基地项目建设，以课堂为主阵地，以基地学校为依托，以教研活动为载体，以构建教、学、评一致性课堂、开发优质教研资源、组建优秀教师团队为目标，力求将教研基地建设为"教学的沃土、科研的平台、成长的摇篮、辐射的中心"。

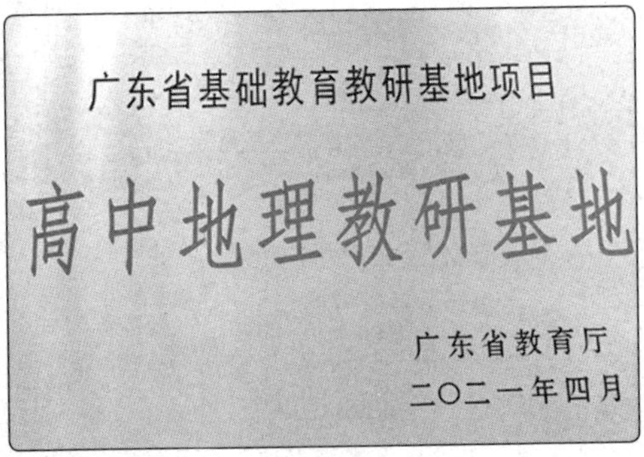

广东省基础教育教研基地项目

高中地理教研基地

广东省教育厅
二〇二一年四月

一、理论研修，夯实教师理论基础

基地以自主阅读与共同阅读相结合的方式为基地成员创设了理论研修的机会，为促进基地成员养成阅读习惯，提升其理论水平，不仅为基地成员购买了个性化的书籍，还购买了《普通高中地理课程标准（2017年版2020年修订）》

《中国高考评价体系例析》《中国高考评价体系解读与高考试题分析·地理》《追求理解的教学设计：第二版》《地理课堂教学艺术经典案例评析》《真实性学习：如何设计体验式、情境式、主动式的学习课堂》《深度教学：促进学生素养发育的教学变革》《中学地理差异教学情境创设》《高中地理学科核心素养教学案例》等资料和书籍。基地鼓励成员深入解读新课标，聚焦地理学科核心素养，挖掘地理学科育人价值，养成撰写读书笔记、教学叙事和教学反思的习惯。

二、专家引领，助力教师专业成长

春秋书写于心底，教育生长于四方；他山之石可以攻玉，榜样的力量是无穷的。基地采用"请进来""走出去"相结合的方式，组织基地成员聆听专家讲座，观摩名师课堂，以专家、名师精湛的专业知识、丰富的教学经验、先进的教学理念、灵动的教学方法、娴熟的教学技巧、高尚的师德师风助力教师专业成长，开阔其思维，开阔其视野，更新其观念，打开其格局。

活动1：聚焦教材解读，共研教学策略

为了加强基地教师专业化发展，帮助其进一步理解新课标、明确新教材结构特点和教学要求，2021年5月25日—27日，基地组织部分成员前往广州市参加2021年普通高中统编三科和人教版新教材培训，培训内容包括高中课标解读，人教版新教材修订情况整体介绍和地理必修第二册教材的主要内容及重难点解析、教学指导及施教建议、学科课例展示等。

人民教育出版社周盈科主任带来了"人教版高中地理必修第二册教材简介及教学建议"专题讲座。周主任首先从整体上介绍新教材必修第二册的课程内容、课程目标、结构逻辑、内容要求及变化等；其次对新教材必修第二册内容的主要变化进行说明，重点突出新教材对核心素养的落实，并结合教材具体章节，对整一册教材进行详细解读；最后通过具体的教学案例，为会场的老师解读如何立足课标，用好教材。

活动2：高屋建瓴，搭建教研平台；学术研讨，展现基地风采

2021年9月7日—9日，为了进一步统一认识，交流做法与经验，研讨遇到的问题，推进基地项目建设顺利实施，广东省教育研究院利用网络会议平台开展了2021年广东省基础教育（揭阳）教研基地项目建设第一次学术研讨活动，基地负责人吴洁芬老师组织全体基地成员参加。

基地建设渐入佳境，学术研讨踏浪前行。广东省各个县市基础教育教研基地项目负责人在线汇报基地建设情况，分享交流基地建设经验和做法，专家们线上指点迷津，保证基地建设有效有序地推进。

专家领航指明方向，且学且做未来可期。广东省教育研究院的何非老师对基地项目建设进度汇报进行了点评，对项目建设研究任务具体、具有良好基础的情况给予了充分肯定。无论是基地成员个人还是基地学校，都能做到分工明确，在项目启动前期做了非常多的筹措工作，如建立"揭阳地理教研"网络平台和学科基地公众号，项目启动建设后也积极实践，打下了良好的研究基础；从研究任务角度看，基地结合目前高中地理教学实际，聚焦学科育人目标，以培养地理学科核心素养为导向，以情境教学为路径，变革课堂教学方式，目标明确、扎实推进。为了促进基地的进一步发展，何非老师为后期基地的发展做了方向性的指导：数字化资源库建设要注意与已有资源库形成差异，避免低水平的重复，提高资源质量，更好地服务于教育教学；在地理教师队伍建设过程中，应注重学科专业能力和育人能力的同步发展。

虚心万事能成，自满十事九空。基地成员纷纷表示一定认真学习专家评委提出的宝贵建议，对照落实到基地后期建设中去，且学且做，在"学中做"的过程中不断完善基地建设各项工作。

活动3：观摩大单元教学，研讨新教材实施

为交流分享普通高中新课程、新教材实施工作经验，部署推进全省示范区示范校建设工作，2021年11月24日—25日，由广东省教育厅、深圳市教育局主办，广东省教育研究院、深圳市教育科学研究院承办的2021年普通高中新课程、新教材实施示范区示范校建设交流研讨活动在深圳举行，基地组织成员线上收看。活动围绕"聚焦课堂教学改革，发展学生核心素养"，分为"集中研讨"和"学科课堂教学展示"两大板块，通过线上线下相结合的方式，交流研讨新课程、新教材实施的课堂教学路径等。

教学展示以高中地理必修一第一章"宇宙中的地球"为例，采用大单元的教学方式，围绕"地球——生命的家园"这一主题，着重构建教材的教学内容，创设教学情境，深圳市光明区高级中学向代文老师、深圳市实验中学高中部刘琴老师和深圳市福田区福田中学黄琼老师以"探家园模样""溯家园历史""寻家园未来"3个小主题设计了一脉相承又风格各异的3节课，组成了单元教学设计，示范了高中地理大单元教学的新模式，进行了跨学校合作教学新尝试，为备课组合作教学提供了很好的范例，为新教材实施提供了新路径。

广东省教育研究院地理教研员施美彬老师首先肯定了本次学科研讨活动对新教材的实践和探索意义重大：教师小组合作教学的模式是非常大的创新，为其他学校的备课组提供了很大的借鉴意义，学生在学习过程接受多位老师的指导，更能开阔思路、启迪思维、全面发展；大单元教学打破了原本教材的编写顺序，通过"探家园模样""溯家园历史"和"寻未来家园"3个主题整合教学内容的思路意义重大；情境化教学中虚与实融会贯通，大大提高了地理学科育人价值。同时施老师也提出了建议：教学可以以宇宙观测为载体，提高学生的地理实践能力；内容可以善用新知识与旧教材的对比，碰撞学生思维的火花；建议在课堂中融入我国航天强国的发展历程，利用航天事业的发展激发学生的爱国情怀和探究精神；针对本节课内容，地理中的时空观和整体观仍需进一步加强，在每单元的最后一节课必须对单元内容进行结构化总结，并构建思维导图；要以学生为中心，积极开展"学—展—评"活动，进一步提高学生的主体地位。

东北师范大学地理科学学院袁孝亭教授在线做简要点评。袁教授认为这3节课非常成功，大单元教学理念先进，既强调了教学目标，又强调了知识间的结构化和联系性，与核心素养建立起了关联；作为先行示范区示范校，教研组整体教学设计大胆，且教学难度极大，积极探索教学模式的勇气可嘉，令人钦佩；整个单元逻辑脉络非常清晰，始终围绕情境设置任务和问题链条，达到了提高学生地理素养的目的。

活动4：同研共学，转变教学方式；示范引领，促进"双减"落地

为贯彻落实中共中央办公厅、国务院办公厅印发的《关于进一步减轻义务教育阶段学生作业负担和校外培训负担的意见》及国务院办公厅印发的《关于新时代推进普通高中育人方式改革的指导意见》文件精神，发展素质教育，切实提高育人水平，有效减轻学生过重的作业负担，在广东省教育厅的指导下，广东省教育研究院于2022年1月7日下午开展"南方教研大讲堂"第二十七场"研学转变教学方式，实践赋能'双减'落地——广东省中学地理跨学科主题研学实践课例探讨活动"。活动重点聚焦中学地理如何开展研学实践，转变教学方式，如何开展跨学科的主题研学实践课程设计，提高作业设计质量等问题，通过课例展示、专家评课、教研沙龙和专家讲座等环节，推进课程教学改革，发挥地理学科育人功能与价值，培育学生核心素养，落实立德树人根本任务。基地组织全体成员观看直播，"云参与"活动，于活动中同研共学，在专家引领下思考转变教学方式的途径与策略，让教学更加有效优质，切实促进"双减"政策的落地。

活动5：深研新课标，直面新挑战

2022年9月8日—9日，由湖南省新教材有限责任公司主办的2022年广东省中学地理新课标研讨会采用线上线下相结合的方式举行。全体基地成员及全市部分地理教师收看网络直播，在线远程学习。研讨会专家云集，围绕新课标贡献智慧力量，会议内容包括地理学科核心素养培养的困惑与思考、义务教育地理新课标的解读、评价与考试的思考和板书的教学应用等方面。

专家讲座重引领，高屋建瓴明方向。广州大学地理科学与遥感学院院长、博士生导师吴志峰教授带来主题为"本科地理学核心素养培育：困惑与思考"和"从地图看中国古代'华夷观'之演变"的讲座。华东师范大学博士生导师段玉山教授从课程改革背景和课程理念出发，比较了我国与美国、德国等国的初中课程目标、课程组织形式和课程内容，展示了各国初中教育的差异和相同点，并表达了教学应吸收众长、避免故步自封的建议；详细解读了"四大核心素养"的概念、内涵和培养路径，以及初中课程内容的主要变化。湘教版地理教材核心编写人员张亚南教授与我们分享了"高考命题的理念及实践"，通过大量高考真题的展示，总结了高考试题呈现的方式是大主题小切口，梯度设问和深度发掘。大主题站位是聚焦研究重点、国家重大政策方针和影响深远的社会问题，小切口则体现在具体的研究区域和具体的研究对象上；梯度设问指问题与情境合理呼应，启发诱导，层层递进；深度发掘即自然延伸的逻辑链条。广东省教育研究院地理教研员施美彬老师从课程育人目标、素养的培育要求、板书板图意义和课堂教学落实4个方面谈"新课标下初中地理板书板图教学探讨"，结合大量教学实例讲述板书板图的课堂落实：一是化文为图，体现知识的内在联系，运用主题构建知识链，让学生掌握知识逻辑迁移的本质思维方法；二是化繁为简，使知识的呈现更加生动形象；三是化乱为整，构建知识体系；四是化难为易，把复杂知识进行梳理分解；五是化静为动，体现知识的时空演变特征。

不积跬步，无以至千里。通过本次"云端学习"，基地成员更进一步理解了新课标，在面对"新课标、新教材、新课程、新高考"的四新挑战中，有了更加明晰的努力方向，也收获了更多前人的经验和心得。道阻且长，在新一轮课程改革的路上，我们将秉承"立德树人、学科育人"的新课标理念，躬耕教坛，潜心学习，积极转变教育教学观念，提升教育教学教研能力，探索地理课堂教学模式，为揭阳教育高质量发展添砖加瓦，贡献基地力量！

活动6：学科融合，开展主题研学；集思广益，推进教学改革

2022年11月18日，为贯彻落实党的二十大报告提出的"推动绿色发展，促进人与自然和谐共生，积极参与应对气候变化全球治理"重要论述和国务院办公厅《关于新时代推进普通高中育人方式改革的指导意见》及《普通高中地理课程标准（2017年版2020年修订）》文件精神，在广东省教育厅的指导下，广东省教育研究院举办了"南方教研大讲堂"第五十七场——广东省普通高中地理学科核心素养的培育与评价主题研讨活动。活动主题为"开展跨学科主题研学，培育学生地理学科核心素养——以如何应对全球气候变化为例"，重点聚焦中学地理如何开展跨学科的主题研学实践课程设计，如何落实育人目标、开发课程资源、构建教学新模式和评价指标，如何培养学生的动手能力、实践能力、创新精神和社会责任感，如何转变教学方式、开展探究式、体验式教学等问题。活动通过课例展示、专家评课、教研沙龙和专家讲座等环节，进行示范引领、交流互鉴，推进高中地理课程教学改革深化，发挥地理学科的育人功能与价值。全体组织基地成员全程收看活动直播，认真学习，积极研讨，在专家的引领下思考如何契合实际、因地制宜地开展跨学科主题研学活动，培育学生的地理学科核心素养，落实立德树人根本任务。

活动7：专家讲座点迷津，高屋建瓴重立意

在"三新"背景下，为了提高教师的原创试题命制能力，增强基地成员对高考命题的趋势和方向的理解，2022年3月10日—12日，基地组织部分成员前往广东省佛山市参加2022年学术年会暨第六届广东省中学地理教师命题比赛活动。专家讲座点迷津，高屋建瓴重立意，人民教育出版社高俊昌老师带来"干货"满满的讲座——"中学地理测试要注意的问题"，从立意、情境创设和试题设计3方面详细阐述试题命制方法，讲解选择题和综合题设计的一般要求和原则，讲解时举例部分用真题进行说明，并强调组卷的若干重要事项。高俊昌老师深入浅出的细致讲解、幽默的语言和巧妙的举例，让原本困难烦琐的命题工作变得通俗易懂又深入人心。

千帆一道带风轻，奋楫逐浪天地宽。我们坚信命题之路，道阻且长，躬行不辍，未来可期！广东省基础教育（揭阳）高中地理学科教研基地在"新课标、新教材、新高考"的背景下，聚焦课堂情境教学和学业质量评价，搭建平台，创设机会，提升揭阳市地理教师的课堂教学和评价能力，为揭阳教育教研高质量发展贡献地理学科力量！

活动8：课标解读深度探索，专家引领高效课堂

为贯彻落实《义务教育地理课程标准（2022年版）》《普通高中地理课程标准（2017年版2020年修订）》《广东省教育厅关于建立健全新时代基础教育教研体系的实施意见》（粤教研〔2020〕1号）文件精神，深化课程改革，落实立德树人根本任务，提高地理学科教研员"四个服务"能力和骨干地理教师的专业素养，基地组织成员于2023年8月27日—9月1日，赴北京师范大学珠海校区参加广东省教育研究院举办的2023年广东省中学地理学科教研员岗位研修活动。

中国科学院地理科学与资源研究所研究员李秀彬教授开展专题报告——"关于地理课程育人价值的思考"。李秀彬教授用幽默风趣的语言，结合大量实例，阐述了与地理课程育人价值有关的基本问题，指出地理学的本质，引发了在场老师们更深层次的思考。讲座结束后，老师们仍意犹未尽，纷纷向李教授提问。自由的交流，思维的碰撞，更是将会场的气氛推向高潮，令人拍案叫绝！

原广州市第四中学地理科组长胡伟英老师，在国际交流中心二楼开设了"新高考下高中地理大单元教学设计与命题探讨"的高中组专题报告，胡老师结合了大量的真实案例，对问题进行透彻的剖析，让在场的老师们直呼精彩的同时意识到自身与专家们的"能量差"，进一步认识到外出学习交流的重要性。

北京师范大学珠海校区知行书院院长、义务教育粤教版地理教材八年级下册主编、博士生导师黄伟教授给我们带来了精彩的讲座——"生态文明教育下自然教育课程设计"，殷切希望地理教育者能真正加入自然教育，亲身感受自然和社会环境，增强学习的体验性，并在此基础上设计开展生态文明建设教育，全面落实教育立德树人的根本任务。

广州市越秀区教研中心教研部主任、义务教育粤教版地理教材七年级下册主编、正高级教师周慧老师给我们带来了讲座"地理教科研能力提升——以地理教育教学成果奖培育为例",从如何给课题起名、如何撰写课题申报书、如何运用研究方法、如何撰写结题报告、如何呈现研究成果5个方面展开,内容既丰富又实用,让人受益匪浅。

深圳市南山外国语(学校)集团高级中学副校长、地理高级教师高青老师以"生态文明教育下自然地理研学教学实践——以'行走、科创、融合'地理体验式课程设计为例"为主题,从高中地理"体验式课堂"教学设计和高中地理"体验式教学"课程建设两个方面分享主题教学成果。

北京师范大学地理科学学部周尚意教授专题报告的主题是"新课标下高效课堂的构建",主要以初高中课堂案例的方式,利用两个素养层级自评表进行高效课堂的构建和设计。

三、联合研修,区域教研携手成长

为充分发挥名师引领、示范和辐射带动作用,实现优质教育资源共享,推进教研成果的交流、共享与推广,基地积极与广东省名教师工作室、其他学科教研基地联合开展研修活动,开展区域教研活动,携手共进,效果明显。

活动1:专家讲座传经送宝,联合研修携手成长

基地于2022年4月25日—29日与广东省庄伟平名校长工作室进行联合研修活动。活动采用线上线下相结合的方式进行,内容包括观摩课例分享与同课异构、聆听专家讲座、线下交流互动等。参加研修活动的人员有教研基地全体成员、广东省庄伟平名校长工作室地理课题组成员、名校长工作室成员所在学校的地理教师和河婆中学地理教师等。

广东省名教师工作室主持人、正高级教师吴俊和带来了主题为"创设情境教学,内化能力素养"的专题讲座,以"为什么考""考什么""怎么考"为主线,倡导教师关注新情境、新问题,情境教学取材要体现时代主题;同时关注高考命题有立意"起点高"、考查内容"落点低"的新特点;建议在教学中采用自主学习反馈加课堂情境探究的方式，重视理论和实践相结合，为一线教师提供有效内化能力和素养的情境教学策略。吴洁芬老师用质朴可亲的语言和严谨的治学态度传递着最前沿和最实用的备考策略，让一线教师深入理解情境教学的价值和魅力所在。广东省教育研究院地理教研员施美彬老师受邀开设讲座——"基于核心素养的高中地理情境教学探讨"，从聚焦育人目标引领、聚焦关键能力培养、聚焦真实情境教学和聚焦学生问题解决4个部分进行分享。基地负责人吴洁芬老师给研修学员做"浅谈核心素养下的情境教学"讲座，从地理教学面临的困境出发，把"情境教学是新时代课堂教学策略的历史选择"的大主题转化为"基于新课标的选择""基于高考评价体系的选择""基于高考命题的选择"3个小切口，既体现宏观把控又体现微观关注，深度剖析了新课标、高考评价体系和高考命题的内涵，为地理教师在考试评价和教学改革实践方面提供了启发和参考。基地成员、揭阳第一中学许裕婉老师分享"一境到底突破二轮复习——以工业专题为例"主题讲座，从自身经验出发，以工业专题为例，围绕"为什么是二轮复习""什么是'一境到底'""如何开展'一境到底'的教学设计""课例展示"4个方面展开阐述，为"一境到底"教学模式在二轮复习阶段的推广提供了很好的范本。

广东省基础教育（揭阳）高中地理学科教研基地、
广东省庄伟平名校长工作室联合研修活动

活动2：聚焦新教材课堂实践，共研新课标素养培育

为深入贯彻《广东省基础教育教研基地项目建设实施办法》的精神，落实立德树人根本任务，充分发挥教研工作对保障基础教育质量的重要支撑作用，提升教师专业素养，促进基地项目建设各项工作顺利开展，广东省基础教育（揭阳）高中地理教研基地携手汕头、中山高中地理学科教研基地，于2022年11月8日—11日开展了揭阳、汕头、中山三市联合教研活动。

深圳第三高级中学正高级教师、地理特级教师庄惠芬受邀开设讲座——"以新应新，以简驭繁——从思维的角度谈2023届高三地理复习方略"，要求各位教师一方面要重视《普通高中地理课程标准（2017年版2020年修订）》对备考的指导作用，另一方面要认真研读新教材，以最核心、最有价值的大概念作为统帅，摒弃烦琐而细碎的知识点，抓住重点与重心，使课程内容结构化，帮助考生化繁为简，去粗取精，提高复习功效。聆听庄老师的讲座，感受"真地理、真教育、真发展"，是一次思想的碰撞、理念的交流，也是一次心灵的洗礼、精神的震撼。一石激起千层浪，基地成员积极思考高考备考如何"以新应新"，如何从思维的角度出发"以简驭繁"，如何在有限的备考时间里带领学生走向无限的可能。

"云端教研"如火如荼，精彩纷呈。来自揭阳第一中学的姚莲君老师进行了说课课例展示，以人地关系作为主线，对人教版教材中原有的"浙江省青田县稻鱼共生系统"的真实案例进行了深入挖掘，"一境到底"，围绕青田县稻鱼生产的发展历程，设置了"赏稻鱼之美""析稻鱼之衰""探稻鱼出路"3个环节，引导学生进行小组合作探究学习，并通过绘制地理示意图、地理思维导图等方式进行归纳总结，培养学生的地理语言表达能力和地理实践力。中山市龙山中学王波老师和汕头市下蓬中学张捷老师就选择性必修的课堂教学策略开设专题讲座，传经送宝。

基地成员揭阳华侨高级中学卢燕卿老师进行了高三地理一轮复习的说课展示，主题为"水循环专题复习——以新疆博斯腾湖为例"。卢老师以"绿色发展与生态文明"为主线，选取新疆博斯腾湖区域，设置"博斯腾湖之美""博斯腾湖之痛""博斯腾湖之焕发"3个问题情境引导学生深入探究水循环的地理意义。中山市教育教学研究室郝鹏翔老师以"回归与超越——基于有效备考的高三复习策略"为题，从高三地理复习教学存在的问题及2023届新高考备考的建议两个方面分享高三有效备考策略。汕头市中小学教学研究中心成员、基地负责人陈晓畅老师进行了"见微知著寻根悟道——高中地理课堂教学与评价实践探究"专题讲座。在新高考、新课程、新教材"三新"的背景下，高考如何备考？必修与选择性必修相同的主题内容如何协调处理？高一、高二、高三的教学定位分别是什么？这都是一线教师目前所面临的问题，而陈老师则通过讲座抽丝剥茧，为大家一一解答。

活动3：名师送教，春风化雨；联合研修，履践致远

2023年3月17日，广东省庄惠芬名师工作室成员送教下乡来到了揭西县，传经送宝到基层，示范引领促提升。

上午，送教下乡暨联合研修活动在河婆中学进行。来自河源市田家炳实验中学的工作室成员谢巧珍老师，以课题"地—气相互作用——以祁连山地区为例"开展二轮微专题复习。将"地—气相互作用"原理迁移至祁连山地区，探究祁连山"湿岛"现象，构建思维导图，引导学生进一步探究大气、下垫面等要素之间的内在联系，分析祁连山热融地貌受大气影响的原因。来自汕头华侨中学的龙翔老师为我们带来了一节高二新授课"区域整体性和关联性"，他选取美国"新奇士"脐橙产业作为教学情境素材，创设3个课堂探究活动，设计问题链，层层递进实现教学目标。河源高级中学陈璐老师的高三复习课"时空动态综合视角下河流地貌的发育"，以黄河乾坤湾为背景，以时间为主线，用思维导图呈现河流地貌的演变机制，引导学生探究乾坤湾的形成过程和未来变化，培养学生的时空动态思维。以上3节基于"地理TRUE教学"的示范课涵盖了一轮复习和二轮复习，从不同课例、不同视角为我们阐释了基于地理学科核心素养和高考评价体系，将高考备考复习导向深度学习的方法，触及复习本质，为构建高效有意义的复习模式提供了很好的范式。广东省庄惠芬名教师工作室主持人、深圳第三高级中学正高级教师庄惠芬老师为我们带来了专题讲座"地理TRUE教学：导向深度学习，触及教学本质"。她从3节示范课出发，强调教学实施的核心是地理思维和学科方法，分享了从真实情境、学生体验、学科思维和迁移应用4个方面让课堂学生学习真实发生，触及教学本质，聚焦高阶思维，实现深度学习的方法。她还分享了上好二轮复习课的5个抓手：内容整合、模型建构、针尖探究、目标管理、情境教学，既有高屋建瓴的引领，又有鲜活课例的示范，理论和实践和谐共生，引发了无限的思考，激发了教研的激情。河婆中学庄伟平校长也给我们分享了"立人发展以文化人——河婆中学校园文化建设探索"专题讲座，从文化与校园文化的内涵、如何构建校园文化、河婆中学"立人发展以文化人"的实践3个方面介绍了河婆中学如火如荼的校园文化建设。从学校的文化建设到文化自信，从一个学科的课堂教学到家国情怀，我们感受到"河中人"的担当意识，感受到他们在以他们的努力，打造校园文化素养，涵养人文，助力高考备考，为揭阳教育的触底反弹和实效性提升贡献自己的力量！

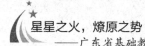

下午，送教下乡暨联合研修活动在上砂中学继续开展。深圳市第二实验中学付安平老师的高一新授课"城镇化"，以"英国的城镇化进程"作为情境案例，拓展材料，设置题目，引导学生自主归纳知识，搭建学习的脚手架。来自广州大学附属中学英德实验学校的胡玉新老师，以"工业区位与产业转移"为课题开展高三二轮复习。汕头市潮阳第一中学的陈博老师为我们展示了高二新授课"'一带一路'倡议与国际合作——以中欧班列为例"。以上3节示范课效果显著，课程思维逻辑实用缜密。庄惠芬老师的工作室团队用真实的课例告诉我们，即使是学生基础薄弱、教学资源有限的乡村学校，也是可以提质增效的。从新授课到一轮复习课，再到二轮复习课，融合深度学习的理念，触及课堂教学的本质，老师们通过搭建脚手架帮助学生一步一步走向真实的学习，通过基于学情和教情的精心教学设计告诉我们，在乡村课堂上如何实现问题式情境教学，如何建构导向深度学习、触及教学本质的课堂教学模型。广东省庄惠芬名教师工作室主持人、深圳第三高级中学正高级教师庄惠芬老师为我们带来了专题讲座"乡村教师教学如何提质增效"。从"乡村课堂上如何实施'一境到底'情境教学""如何做到因材施教""如何快速获得学生情况""如何调动动力不足的学生积极性"等问题入手，从"心力""省力""借力""合力"4个方面分享了如何才能比较轻松地上好课，化解了老师们，特别是乡村教师们的纠结与焦虑情绪，点燃了他们的教研热情和课程改革决心。

活动4：专家讲座析难题，科学备考明方向

为深入贯彻《关于深入推进广东省基础教育教研基地项目建设工作的通知》的精神，准确把握基于核心素养的新高考备考方向，切实提高高中地理课堂教学与学业质量，广东省基础教育（汕头、揭阳）高中地理学科教研基地于2023年8月24日—28日在华南师范大学地理科学学院联合主办了"核心素养导向的高中地理课堂教学与学业质量评价"研修活动。来自汕头市和揭阳市的53位学科基地成员及骨干教师齐聚华南师范大学地理科学学院，共赴一场专业学习的盛会。

袁孝亭教授的讲座主题为"培养有地理见识的人——教学关键点示例与分析"，聚焦在教学中如何培养有地理见识的人这一问题，结合广东高考地理题说明如何基于"格局"与"过程耦合"这一空间视角看地理现象，阐明"过程塑造格局""格局决定过程"这两种主要的思维路径，针对如何培养学生从空间位置关系、空间格局、空间联系的视角认识世界进行了详细分析。蒋连飞博士讲座的主题为"国际地理基础教育改革前沿"，主要介绍了各国地理课程设置与教材比较研究的过程与方法，通过不同的案例展示现象式教学的实施方法。曾玮博士聚焦如何设计培养学生地理思维的高中教学内容这一问题，为我们带来了主题为"基于地理思维的高中地理教学内容设计"的专题讲座，从树立正确的设计理念，构建地理思维型课堂，践行教学内容教材化、结构化、问题化、科学化，体现教学评一体化等方面进行了详细阐述。广州大学地理科学与遥感学院何亚琼博士带来了主题为"研学旅行——跨学科视角下的地理研学课程设计"的讲座，介绍了3方面的内容：跨学科主题学习与地理跨学科研学；地理跨学科研学课程的设计过程；基于研学旅行课程实践的思考。张争胜教授为我们带来了主题为"面向核心素养的高中地理教学"的讲座，详细诠释了核心素养的内涵，并且对核心素养导向的课程目标进行了描述。郭程轩副教授讲座的主题为"重新审视高中地理新课标与新高考的教学——评价逻辑"，立足新课标和新高考之间的逻辑关系，为教师课堂教学和高考备考提出了宝贵的指导建议。

钟巍教授主讲的题目为"中学地理教学中区域认知空间尺度的理解与应用——以内蒙古萨拉乌苏河谷区为例"，针对如何开展某个具体区域多空间尺度的认知问题，钟教授用他丰富的科学研究经历给了老师们深刻的启发，精彩不断，耐人寻味。华南师范大学地理科学学院刘云刚院长的讲座主题为"地理教育：如何回归地理学"，围绕对地理教育的认知、大学地理教育中的困惑、地理学教育存在的危机，以及我国地理学的转型和现状、人才培养体系存在的问题等开设讲座，进一步提出地理教育回归地理学的需求。

四、送教帮扶，促进教育均衡发展

基地积极开展送教下乡活动，参与广东省教育研究院组织的"教研帮扶"活动，以集体磨课、同课异构、名师点评、全体研讨、专家讲座等形式进行，以优秀教师为引领，创新课堂教学方式，以核心素养为导向，更新教育教学理念，既是对基地研究成果的一种检验与推广，又是促进区域之间、学校之间、教师之间交流学习，促进地理教育教学均衡发展的一种有效的方法与方式。

活动1：走进清远展课例，帮扶交流促提高

2021年9月14日—16日，应广东省教育研究院的邀请，广东省基础教育（揭阳）高中地理学科基地助手、揭阳第一中学榕江新城学校倪婉玲老师前往清远市参加"2021年走进粤东西北（清远）教研帮扶"地理学科系列活动。

清新区第一中学林素珍老师和基地成员倪婉玲老师以研学教学情境进行"主题+区域"同课异构，教学内容选自地理选择性必修一第二章第一节《塑造地表形态的力量》。林素珍老师用清新区第一中学地理研学小组前往清新区石潭镇大岩山研学旅行过程中发现的一枚海洋贝壳化石来激发学生兴趣，并把之前的研学成果作为教学资源，极大地激发了学生参与课堂教学的热情。倪婉玲老师先是分享在揭阳开展地质地貌研学旅行的视频资料，呈现出研学前做好安

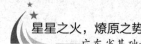
全教育，研学中师生探讨、生生探讨，研学后成果整理与展示的完整过程。广东省教育研究院地理教研员施美彬老师高度赞扬研学情境的创设真实有趣，富有意义。地理课堂从揭阳到清远，再到青藏高原，从身边的地理到学生熟悉的乡土，再到典型区域，在不同空间尺度中落实区域认知、综合思维、地理实践力、人地协调观等地理学科核心素养；教师以学生为中心设计问题，多个角度调动学生积极性，语言富有感染力，情境生动，增加了课堂的"温度"。

活动2：送教下乡促均衡，同课异构共成长

"水本无华，相荡乃成涟漪；石本无火，相击而发灵光"，为充分发挥广东省基础教育（揭阳）高中地理学科教研基地团队的示范引领作用，促进揭阳高中地理教育均衡发展，2021年12月19日—20日，在基地负责人吴洁芬老师的带领下，广东省基础教育（揭阳）高中地理学科教研基地部分成员前往普宁市开展送教下乡活动。

第一站，普宁市第一中学蔡伟青老师与基地成员揭阳第一中学许裕婉老师就高三第一轮复习课"工业区位选择"进行了同课异构。整节课蔡老师立足学情，有问题意识，用设问调动了学生的参与积极性，互动自然，课堂氛围活跃，有效地落实了教学目标，是一节有板有眼的常规一轮复习课。基地成员揭阳第一中学许裕婉老师以某集团为例，从时空维度向学生展现了其纺织制衣产业的发展历程，地理故事娓娓道来，精心设计层层递进的问题链，引导学生不断深入探究。课后，围绕两个课例进行点评研讨活动，榕城区教育局教研室地理教研员李金丽老师形象地进行点评，指出蔡老师是先教给学生有关"游泳"的知识，然后跳下"水"与学生"同游"，而许老师是先把学生"推下水"，然后指导学生"游泳"，教学方式各有千秋，效果主要取决于学情，强调在平时教学中，一定要基于学情选择合适的教学方式和教学内容。其他听课教师也纷纷发言，指出两位老师在教学过程中的亮点，也直言存在的问题，教学和研讨相结合，效果明显。最后吴洁芬老师总结指出，在真实的情境和题境下围绕"主题+区域"进行地理原理、规律及其应用的考查是当今高考的主要形式，在高三复习时，教师应契合学生实际对教材、题目素材进行处理，想办法把"教师要学生学"变成"学生想要学"。

第二站，普宁市里湖中学陈青平老师与基地成员普宁市第二中学李浩坤老师就高三第一轮复习课"城市化"进行同课异构。陈青平老师从本校学生基础知识不扎实的学情出发，以教材的基本知识为框架，从城市化的概念、城市化的标志、城市化的进程到城市化带来的影响进行讲解复习，并结合普宁的乡土实际进行举例，有效帮助学生理解概念、加深记忆。基地成员普宁市第二中学李浩坤老师以上海城市规划为情境，与学生共同解读国务院关于上海市城市总体规划的批复，引导学生关注相关概念的解读和细节信息的提取。两种不同课堂教学形式激荡碰撞，观摩研讨的教师们各抒己见，思维迸发火花。里湖中学老师表示第一次接触到情境教学的课堂模式，李浩坤老师的情境创设立足生活，切入高考，既培养了能力又回归教材，让人受益匪浅。李金丽老师指出，教师备课时要将高考评价体系的"一核四翼"作为备课的出发点，2021年广东新高考卷的题目基本是用具体情境来考查学生的，学习探索情境侧重知识逻辑，生活实践情境侧重素养能力，新的高考引领着我们更新教学理念，教师在情境教学应用中需注意创设的情境和设问都应服务于教学目标。吴洁芬老师也强调，高考试题命制已经从知识立意、能力立意转变为现在的素养立意，只有课堂教学方式和学生学习方式都随之发生较大的改变，才能够适应新时代下新高考的变化；她勉励年轻的地理教师应该以活动为契机，跳出思维惯性去思考、实践，找到适合、有效的教与学路径；她建议教研组可以把"同课异构"作为科组教研活动的一种常规形式，在教中研、研中教，不断提升科组教师的教学教育能力。

活动3：同课异构展风采，精彩纷呈显匠心

为促进成员专业成长，促进"双新"实施，转变育人方式，变革课堂教学，落实核心素养，加强交流推广，2022年4月28日，时值春暖花开时节，2022年广东省基础教育（揭阳）高中地理学科教研基地送教下乡活动在河婆中学顺利开展。本次教研活动由基地成员揭东第一中学李燕敏老师和河婆中学陈淑芸老师就"服务业区位因素及其变化"进行同课异构。

李燕敏老师创设深圳疫情封控的真实情境，通过一条清晰的时间轴——封控前—封控中—解封后，实现"一境到底"，符合情境式教学的基本要求。陈淑芸老师以"普宁广场商圈"为情境教学案例，探究服务业区位因素及其变化，教学遵循基础概念学习—情境案例探究—乡土实践运用三步走原则。观摩后，听课教师分别对两节课进行评价，就如何提升情境教学的课堂教学有效性进行探讨，还从两节课的优缺点出发，对如何开展情境教学提出新见解，现场讨论氛围热烈，评课观点精彩纷呈。基地负责人吴洁芬老师做总结发言，她肯定了河婆中学的教研氛围浓烈，感谢他们对学科教研基地项目的支持。她指出此次送教下乡活动以同课异构和全体研讨的形式进行，以核心素养为导向，更新教育教学理念，是对情境教学的有效实践和推广。同课异构的两位老师在情境教学的基础上，又从教学设计和教学实施等多方面对同一授课内容进行了处理，呈现出了风格各异、精彩迭出的课堂。教师个性化的教学风格在课堂教学中得到了充分展示，做到了"同中求异，异中求同"，所创设的两个情境都具有可行性，受到现场听课老师的一致好评。

活动4：同课异构，殊途同归；送教下乡，均衡发展

为了促进基地成员的专业成长，加强教研基地对外交流和教研成果的推广，保证基地项目工作有序有效地推进，广东省基础教育（揭阳）高中地理学科教研基地于2023年3月14日—17日开展送教下乡（揭西）活动。

第一站，基地成员洪佳老师和揭西县霖田高级中学陈文进老师进行了一轮复习课的同课展示。"保障粮食安全知地明理，关注国家大事培根铸魂"，陈文进老师以"粮食安全"为主题，从粮食安全的概念入手，引导学生深刻理解什么是粮食安全，进而提出从种、买、囤3个方面保障粮食安全，最后通过对点练习实现知识的迁移与能力的提升。洪佳老师以"自然地理环境的整体性"为主题，采用"一境到底"的方式，通过4个教学环节，带领学生深入探究揭阳榕江流域自然地理环境的整体性。

课例展示后，老师们各抒己见，从课堂教学、教学方法、学法等方面开展评课研讨。两位老师均为一轮复习课，虽然主题不同，但殊途同归，都注重落实主干知识，达成课堂教学目标，让学科核心素养落地生根。洪佳老师采用的"一境到底"情境教学模式选择榕江流域进行情境创设，不仅激发了学生的积极性，还增强了学生对于家乡的了解，培育了乡土情怀，得到了大家的一致赞赏。接着，聚焦新授课，讨论一轮复习课与二轮复习课的内容、形式、深度等的区别与联系；针对如何凸显学生主体地位与教师主导作用，如何开展情境问题式教学，如何在教学实施过程中开展学业质量评价等问题，老师们进行了深入的研讨，达成了一些基本的共识，明确了下阶段备考的方向与路径。

第二站，基地助手、揭阳第一中学榕江新城学校倪婉玲老师与棉湖第二中学吴志云老师就"生态脆弱区的综合治理"进行同课异构，"道不同"，却能"殊途同归"。吴志云老师从名词解析入手，从"生态脆弱区"到"荒漠化"，深入理解概念，并逐步展开，延伸至其"表现""成因""危害""解决措施"等方面的讲解。倪婉玲老师则将真实生活情境"老罗的致富之路"作为主线，与国家的脱贫攻坚、乡村振兴路线交织，构建轻松有效的"一境到底"课堂。

课后，大家对两位老师的展示课进行评议研讨。两位授课老师先后分享了本节课的设计思路，并针对"一轮复习"如何进行有效教学分享了具体做法，大家受到很大的启发。其他老师也从多个角度进行评课，肯定了这两节课的示范和引领作用。现场讨论氛围浓郁，大家互相交流与学习，互相借鉴和改进。基地负责人吴洁芬老师强调，在"三新"背景下，教学方式变革已成必然。情境教学作为教学方式变革的着力点，教师们要敢于尝试、多去尝试，在课堂上定位好教师角色，学会"放手"，发挥学生的主体地位，激发学生的学习兴趣和动力。

送教下乡活动，通过教师同课展示，以"课"示范，以"研"传递，充分发挥基地的引领、示范和辐射作用，搭建起区域间教研交流的桥梁，也给青年教师提供学习、交流、领悟、提升的平台和机会。广东省基础教育（揭阳）高中地理学科教研基地将继续搭建平台，创造机会，增进区域之间互动互补，实现共享共赢，推进揭阳市教育的均衡发展，为揭阳市教育均衡发展贡献基地力量！

活动5：帮扶协作同教研，互学共鉴促提升

2023年4月25日—27日，由广东省教育研究院主办，汕尾市教育局、汕尾市陆河县教育局承办，汕尾市陆河外国语学校、广东省基础教育（深圳、揭阳、中山、汕头）高中地理学科教研基地协办的"走进粤东西北（汕尾）教研帮扶高中地理学科活动"正式开始。活动聚焦中学地理教师专业提升需求，通过座谈交流、集体备课、同课异构、专题讲座、课例展示、教研沙龙等活动，聚焦地理学科核心素养，落实课程育人价值。活动目的在于开展"教、学、评一致性"的中学地理有效教学，提升教师的业务水平，促进学生核心素养的全面发展，落实立德树人根本任务。

借助广东省教育研究院在汕尾市开展的"走进粤东西北（汕尾）教研帮扶高中地理学科活动"，基地成员来到汕尾市林伟华中学进行交流学习活动，就教研工作和备考情况，与汕尾市林伟华中学的校领导、地理科组的老师们进行交流。基地负责人吴洁芬老师从情境教学、试题命制、团队建设3个方面介绍了基地的建设情况；基地成员、命题工作坊坊主黄玉老师则分享了原创命题工作坊建设的相关经验。揭阳市与汕尾市的教育环境和文化背景既有相同之处，又有不同之处。彼此交流，不仅可以拓宽视野，交换不同的教育方法和理念，汲取对方解决共性问题的一些方案，还可以促进教师专业成长、更新教育观念，共同推动地区之间教育事业的发展。

活动6：教研帮扶重实效，教育均衡共发展

2023年5月17日—19日，为了全面贯彻党的二十大精神，落实党中央、国务院和省委省政府关于基础教育高质量发展的决策，加强学科基地之间的交流与学习，发挥基地辐射引领作用，推进县域基础教育优质均衡发展，助力全省基础教育高质量发展，基地负责人带领部分基地成员参加了由广东省教育研究院主办，韶关市教育局承办的"走进粤东西北（韶关）教研帮扶高中地理学科活动"并到韶关市第一中学进行交流学习活动。省特级教师、高三备课组长尹德荣老师陪同基地成员参观校园并无私分享多年高考备考经验：第一，教师要转变教学观念，以学科核心素养为立足点，学会比较"区域、时间、空间和要素"，与命题者心灵交会；第二，教师要勇于对课堂进行创新，对教学设计进行创新，以学生为主体，设计好问题，把重心放在学科思维的培养上，让学生多讨论，避免"满堂灌"；第三，大学科教学渗透，只教授教材知识已经不符合新课标、新高考的要求了，地理老师要积累更丰富的知识，才能把课讲活；第四，让学生自己整理核心概念、核心原理，研究错题本，新高考考的是思维，考的是推理，考的是学习能力、思维宽度，教师要自己编学案，关注新高考的变化，由静态备考变动态备考；第五，地理就在身边，要把地理知识运用到生活中，"用教材教"而不是"教教材"，老师要终身学习，抓住教学机遇。

五、以赛促研，赋能教师深度提升

教研基地本着"搭平台，给机会，促行动"的思路，在广东省教育研究院地理教研员施美彬老师的指导下，积极开展形式多样的学科竞赛和教研活动，以赛促研，以研促教，在"学中做，做中学"的过程中，不断提升专业素养，赋能教师深度提升。

活动1：千锤百炼命好题，说"题"言"妙"展风采

根据《普通高中地理课程标准（2017年版2020年修订）》精神，为了更好地促使高中地理教师解读课标、研究新高考、落实核心素养，提升青年教师的教学科研水平，有效推进青年教师的专业发展，提高青年教师的课堂教学能力，配合广东省高中地理教师命题比赛选拔优秀教师，基地连续3年承办了揭阳市高中地理教师命题比赛暨命题培训活动。

2021年7月20日—22日，2021年揭阳市高中地理教师现场命题比赛暨青年教师命题培训活动在揭阳作家书城总店举行。基地负责人吴洁芬老师主持开班仪式，来自揭阳市各县区的高中地理学科教研员、高中学校地理骨干教师参加本次培训。揭阳市教育局教研室李绪强主任做动员讲话。他指出，命题是教师的一项基本功，研究命题能够帮助教师准确把握教学目标和教学策略。他鼓励参培老师积极研究试题命制，积极推进教育教学改革。基地核心成员洪佳老师为大家带来了题为"善用绘图软件，命制优质试题——高中地理试题命制的方法和技巧探讨"的专题讲座，从试题命制的模式、用图的制与绘、用图的意识和注意事项几个方面引导大家了解和把握命题的方法与技巧，详细介绍命题的类型、技术路线及制表绘图的各种方式，详细讲解了AI软件的使用方法，现场展示了如何利用AI软件对试题用图进行重绘、叠绘、添绘等处理。讲座实用性强，"干货"满满，赢得了参会教师的热烈掌声。基地核心成员黄玉老师带来了"加强原创命题，提升专业素养——高中地理试题命制方法探讨"专题讲座，分享了试题命制的理论与原则、命题素材的选择、命题主题的确定、命题角度的切入、试题问题的设置、试题答案的打磨等内容，还分享了自己打磨试题、参加省赛的心路历程。最后，黄老师建议青年教师沉下心来做教研，多读书思考，勉励青年教师要勇于挑战自我，走出舒适区，不断创造属于自己的传奇。两位老师的讲座如春风化雨，解答了基地成员对命题的疑惑，引发了头脑风暴和深刻思考。

通过培训活动，参训教师特别是基地成员对试题命制和教学评价有了更深的了解和认识，并进一步明确了考试命题在引领教育发展、教育评价方面的作用。

2021年揭阳市高中地理教师命题比赛分两个赛段进行，第一阶段由参赛教师自选素材进行原创命题，上交命题作品，专家评委评选出12份优秀作品，相关教师进入第二阶段现场命题比赛。基地成员揭阳第一中学胡奕冰、揭阳第一中学榕江新城学校刘晓虹、揭阳第一中学榕江新城学校倪婉玲3位老师在比赛第一阶段表现突出，顺利进入第二阶段的现场命题比赛。现场说题展示比赛，12位参赛老师展示自己对命题的理解、思考，同一份命题素材，不同的命制角度，各异的反思改进，灵活的说题展示，比赛精彩迭现，异彩纷呈，睿智答辩更赢得与会老师们的声声喝彩。

经过激烈角逐，基地成员揭阳第一中学的胡奕冰老师、揭阳第一中榕江新城学校的倪婉玲老师和河婆中学的张琪琪老师、揭阳第二中学的李桂锋老师以鲜明独特的立意、优质创新的作品、独具匠心的课件、清晰严密的说题、充满智慧的答辩获得评委专家的一致好评，荣获一等奖。他们将组成命题小组命制一份高考模拟试题，代表我市参加第五届广东省高中青年教师命题比赛。

2022年8月10日—11日，2022年揭阳市高中地理教师现场命题比赛暨命题培训活动在揭阳市教师发展中心隆重举行。第一阶段比赛由参赛教师自选素材进行原创命制，于6月拉开帷幕，遴选出12份优秀试题，试题命制老师进入第二阶段比赛。基地有6位基地成员踊跃参加比赛，4所基地学校共有10位教师参赛。比赛共收到命题作品77份，经过专家评委认真公正的评审，评选出一等奖12份、二等奖12份和三等奖16份，基地6位参赛老师均获奖——揭阳第一中学许裕婉的命题作品被评为一等奖，揭阳第一中学榕江新城学校刘晓虹、揭东第一中学李燕敏、河婆中学陈淑芸的命题作品被评为二等奖，揭阳第二中学陈焕敏和邱金元纪念中学洪佳的命题作品被评为三等奖。8月10日上午，从比赛第一阶段遴选出的12位选手自带资料和笔记本电脑齐聚揭阳市教师发展中心5楼，签到、上交手机、领取命题素材，在断网的情况下进行3小时的原创试题命制。

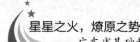

经过两天3个环节激烈的角逐，来自揭阳市榕城区登岗中学的郑莹老师、揭阳第一中学的郑敏贵老师、基地成员揭阳第一中学的许裕婉老师和揭阳华侨高级中学的林玉筠老师荣获一等奖，将代表我市参加广东省高中地理青年教师命题比赛。

命题比赛针对我市高中地理教师在原创试题命制方面基础薄弱、经验不足、水平不高等现状，以国务院出台的《国务院关于深化考试招生制度改革的实施意见》为契机，以命题比赛为依托，以说题展示为示范，以专家讲座为引领，旨在带领全体教师脚踏实地，进德修业。揭阳市教育局教研室李绪强主任出席培训活动并做重要发言。首先，李主任肯定揭阳高中地理学科教研基地牵头组织的"以赛促研、以研促训"活动在带动全市地理学科教研活动的开展、教研成果的推广等方面的现实意义。其次，李主任指出加强对课标、教材及相关理论知识的学习研讨是提高命题能力的关键，特别要理解中华优秀传统文化、革命文化、社会主义先进文化对高考命题的价值引领，侧重关注素材情境如何结构化，情境知识如何学科化，问题创设如何精细化，问题分值如何层次化，答案评价如何规范化等。最后，李主任结合"双减"政策下增效提质的教学要求，希望大家能齐心协力破解难题，为整个市乃至全省地理学科的教学改革与评价、命题作业设计等贡献成功的经验，争得更多的荣誉。

　　基地成员揭阳第二中学的李玲老师分享了2018年参加第二届广东省高中地理教师命题比赛时命制的题目"丹江口网箱养殖翘嘴鲌"。李玲老师从原题展示、素材来源、命题设计、命题思考等几个方面展开说题。基地成员邱金元纪念中学的洪佳老师进行了2019年参加第三届广东省高中地理教师命题比赛时揭阳市的参赛试题"活化学科知识，涵养地理情怀"的说题展示，内容主要包含命题依据、命题思路、试题内容、反思感想4个方面。基地助手揭阳第一中学榕江新城学校的倪婉玲老师也进行了"立足学科落实立德树人，素养立意提升选拔功能"的说题展示，指出试题命制要立足地理学科特色，发挥学科育人价值，关注对学科素养和能力的考查，突显新课程的核心理念，服务选才，引导教学。揭阳第二中学的李桂锋老师进行了"合理考查知识能力，渗透培育地理素养"的说题展示。李老师从中国高考评价体系和课标入手，谈命题依据，制定双向细目表后选取素材创设题目，经小组成员反复推敲、不断改进后最终定稿。

　　"新枝高于旧竹枝，全凭老干为扶持"。活动邀请了我市历年全市统考原创试题命制团队的骨干成员、基地成员河婆中学黄玉老师，基地成员邱金元纪念中学洪佳老师和深圳市教育科学研究院地理教研员刘筱清老师开设讲座，为全市青年地理教师进行命题培训。洪佳老师为大家分享题为"利用情境课堂，融合命题思想——高中地理命题方法与情境课堂创设的融合探讨"的专题讲座，重点分析介绍掌握命题方法的重要性，通过真实的命题案例，展现命题的真实过程。黄玉老师以"地理原创题的命制技巧"为题，从原创试题命制相关理论、原创试题命制技术要求、对地理教师的几点建议3个方面入手，系统阐明并总结了原创试题命制理论及实践技巧。讲座深入浅出、条分缕析、内容翔实、语言生动，参加学习的老师纷纷表示，通过此次讲座进一步厘清了原创试题命制的思路，解决了很多疑难困惑，深感受益良多。刘筱清老师以"2022年广东省普通高中学业水平选择性考试地理试题赏析及教学思考"为主题，开设线上专题讲座，提出关于试题命制的相关注意事项及选择题、综合题编制的具体指导方针，分别从要素—时空—区域综合角度、区域比较、尺度关联、过程演变、人地关系5个方面入手，提供地理模拟命题的5个设问角度，并进行相关举例论证。

基地承办的2023年揭阳市中学地理教师命题比赛暨主题培训活动于9月20日—22日在揭阳第一中学榕江新城学校隆重举行。活动由市教育局教研室地理教研员、基地负责人吴洁芬老师主持，10组参赛选手借"题"发挥，言说其"妙"。从主题立意确定、素材取舍整合到地图重绘加工，从设问推敲打磨、答案细化锤炼到命题反思分享，选手们娓娓道来，展现出了扎实的学科理论和命题基本功，精彩纷呈，亮点频现。答辩过程中，选手们镇定从容，思路清晰，巧妙应答，评委们关于核心素养落实、素材情境类别、双向细目表制定等方面的提问更是引发了在场老师们更深的思考。命题比赛既是展示揭阳中学地理青年教师专业水平的重要平台和窗口，又为全市中学地理教师提供了学习和交流的机会。最后，吴洁芬老师结合我市近年来在省赛中取得的成绩鼓励青年教师要不断学习，加强团队的交流与协作，不断提升专业素养，她还殷切寄语参赛教师"聚是一团火，散是满天星"，希望大家以命题比赛为新的起点，带动更多的青年教师参与教研活动和教学变革，为地理教育高质量发展奉献青春的力量。

他山之石可攻玉，智慧分享促成长。基地成员河婆中学黄玉老师为与会老师带来讲座"浅谈地理原创命题素材的处理过程"。基地成员邱金元纪念中学洪佳老师分享的讲座主题是"洞察生活地'理'，开拓命题思维——高中地理原创命题素材的来源与处理方法分享"。两位老师"手把手"地教命题教师如何选择命题素材、如何处理素材、如何根据素材创设问题，为命题教师克服原创试题命制的困难、解决原创试题命制出现的问题、突破命题瓶颈提供了很好的参考和借鉴。

基地助手揭阳第一中学榕江新城学校倪婉玲老师为我们带来题为"研乡土地貌，育家国情怀——以'塑造地表形态的力量'研学课程为例"的研学课例分享。倪老师从课程背景、课程理念、课程目标及课程实施等方面分享研学课程的设计、打磨和实践过程，分享了近几年的研学实践探索，展示了优秀的研学实践成果，诠释了"研学，在课堂上""研学，在路上"的育人理念。倪老师的实践案例提供了可借鉴、可推广的实践经验和做法，鼓舞了在场的老师们。广州大学地理科学与遥感学院的何亚琼博士为老师们开设主题为"例谈地理研学旅行活动方案设计"的研学设计培训讲座。何博士从地理研学活动方案的要素构成、方案设计过程及对未来地理研学活动课程设计的建议与思考3个方面入手，开展了一场关于研学活动方案设计的深度培训。

活动2：搭建平台，展示素养能力；借力大赛，引领专业发展

为选拔优秀地理教师参加广东省中小学青年教师教学能力大赛，基地承办了第三届、第四届揭阳市高中地理学科初赛。初赛由高中地理青年教师解题比赛和青年教师教学能力大赛揭阳市高中地理学科初赛（包括选拔赛、现场赛）组成，一共3个赛程，递进设置比拼条件，逐级遴选优秀教师。这不仅是为广东省中小学青年教师教学能力大赛选拔优秀选手的市级地理赛事，还是为全市青年地理教师的专业成长"搭平台、给机会、促行动"的大型地理教研活动。基地精心组织成员参加比赛，并参与整个赛程的各个环节，借大赛平台展示成员良好的素养能力，引领成员专业成长。

第三届广东省中小学青年教师教学能力大赛揭阳市高中地理学科初赛活动自2021年2月启动，历时8个月。

解题赛——夯实学科知识，展现专业素养。高中地理青年教师解题比赛采取闭卷、笔试进行，题型与2020年全国高考题型一致，包括选择题和综合题，一半试题来源于近5年全国高考地理卷、模拟卷，另一半则为改编试题或原创试题。比赛时间为50分钟，试题分值100分。解题赛力促全市高中青年地理教师认真研读课标、考纲，深入研究各类地理试题，夯实学科知识，为高效优质施教和精准高质备考奠定坚实的基础。经组织专家认真阅卷、评审，16名优秀教师从50位参赛教师中脱颖而出，成功晋级，进入下一赛程——选拔赛。

选拔赛——根植课堂教学，培育核心素养。大赛组织专家评委到解题比赛遴选出的参赛教师所在学校，以现场听课的方式进行选拔。参赛教师从指定的5个课题中自选一个按照要求设计一节20分钟微格课，要求突出地理学科核心素养，符合学生认知水平，容量适度，选材新颖，重难点突出。基地成员揭阳第一中学榕江新城学校倪婉玲、刘晓虹和揭东第一中学李燕敏等8位优秀教师以所选教学资源科学、规范，形式多样，切合有效地达成教学目标；教学过程能创设合适的学习情境，激发学生的学习兴趣；能合理使用有效的教学手段，开展高效的教学活动；衔接自然，课堂流畅，气氛活而不乱；教学步骤清晰，具有较强的地理逻辑；学生积极思考，乐于交流，大胆发言；教师教态亲切自然，语言准确生动，板书工整合理；引导点拨得法，课堂应变能力强等优势脱颖而出，进入最后的赛程——现场赛。

现场赛——演绎青春风采，彰显育人价值。2021年9月26日—27日，现场赛由揭阳教育局教研室主办，基地承办，基地学校揭阳第一中学榕江新城学校协办。比赛在没有网络的封闭环境下进行，参赛教师自带笔记本电脑（包括电源线）、U盘和相关学科备课资料，自主设计主题活动方案，制作教学PPT，完成思维导图和课堂展示。思维导图环节，现场抽取题目，20分钟内按照解题思路，把解题过程以思维导图形式呈现在黑板上；课堂展示环节，现场抽取"主题+区域"课题，进行课堂展示。参赛教师通过3.5小时的封闭备课、15分钟的展示、5分钟的答辩进行比拼，最后按照思维导图分数占20%，课堂教学展示分数占80%折算计入总分，总分为100分。基地成员倪婉玲老师以新颖的情境创设、精美的教学设计、出色的课堂展示、睿智的答辩获得了评委的肯定，赢得了掌声，夺得高中地理学科初赛第一名，代表揭阳市高中地理学科参加第三届广东省青年教师教学能力大赛。

2023年9月24日—25日，第四届广东省中小学青年教师教学能力大赛揭阳市高中地理学科初赛（现场赛）在揭阳第一中学榕江新城学校举行。本次现场赛有8位教师参赛，比赛共3个环节：研学实践课程设计方案、思维导图设计与课堂展示。根据文件要求，参赛老师应在9月24日前提交一份"人类命运共同体意识下应对气候变化行动的跨学科项目式研学实践实施方案"，研学实践课程设计方案满分100分，按照30%折算计入总分；思维导图设计和课堂教学展示满分均为100分，分别按照20%和50%折算计入总分。参赛教师自带笔记本电脑（包括电源线）、U盘和相关备课资料，在没有网络的环境中，独立完成思维导图设计和课堂展示。思维导图设计环节现场公布题目，参赛教师须在20分钟内把解题思路、解题过程以思维导图形式呈现在黑板上。课堂展示环节，按要求以"主题+区域"为课题，创设教学情境，在3.5小时的封闭备课后，通过15分钟的展示、5分钟的答辩进行比拼。基地成员揭阳华侨高级中学林梓枫勇夺高中地理学科初赛第一名，代表揭阳市高中地理学科参加第四届广东省中小学青年教师教学能力大赛。

"看似寻常最奇崛，成如容易却艰辛"。作为青年教师教学能力大赛揭阳市高中地理学科初赛活动的组织者，基地负责人吴洁芬老师见证了每位参赛教师的成长，与基地成员分享了部分选手参赛背后鲜为人知的故事。参赛教师从解题赛、选拔赛到现场赛一路披荆斩棘，离不开扎实的教学基本功、深厚的专业知识、较强的心理素质，更离不开对地理学科的热爱和对地理教学的担当。她勉励基地成员，尤其是青年教师，每一个台上的"一分钟"，都离不开台下"十年功"的托举，只有跋山涉水、栉风沐雨、披霜浸雾去实践的人，才能不断突破自我，才能不断成长！

课堂有示范，教学有引领，研讨有主题，教改有方向。青年教师教学能力大赛揭阳市高中地理学科初赛活动为揭阳市高中青年教师搭建了平台，创造了机会。"有才你就来"，大赛展示了揭阳市优秀教师的教学风采，也激发了青年教师参与地理教研活动的热情，引导青年教师对地理课堂教学进行思考和研究，从而促进了他们在地理思维、地理教学等各方面的专业成长，也为学科基地成员提供了一个个很好的研讨样本。

活动3：微课资源共建共享，基地建设如火如荼

在新课标、新课程和新教材实施的背景下，为贯彻落实《教育信息化2.0行动计划》文件精神，提高高中地理学科信息化教学与数字资源开发建设水平，提高高中地理教师在"教育+互联网"背景下的业务水平，促进全市优质教学资源的共建共享，揭阳市教育局教研室主办，基地承办了2022年揭阳市高中地理微课视频评选活动。基地成员和基地学校老师踊跃参赛，成绩斐然：基地成员邱金元纪念中学洪佳、揭阳第一中学榕江新城学校倪婉玲和郑艺钰、河婆中学陈淑云、揭阳华侨高级中学林梓枫荣获一等奖；揭阳第二中学李玲荣获二等奖；揭阳第一中学榕江新城学校刘晓虹、揭阳第二中学陈焕敏荣获三等奖。

励志耕耘展壮猷，初心守望意志坚。微课作为一种教学资源，在创新课堂教学模式、构建高效课堂方面有其独特魅力，在教学资源资料库建设和教育质量均衡方面都有卓越贡献。如何让微课教学资源在日常课堂教学中焕发应有的光彩，是一个值得为之努力的课题。纸上得来终觉浅，绝知此事要躬行。基地积极带领基地成员、基地学校教师乃至全市地理教师参与新时代新课程改革的探索与实践，在推进信息技术与课堂教学的深度融合上，在打造高效课堂教学的探索实践中，不断搭建教研平台，创设教研活动，为揭阳教育高质量发展贡献基地力量。

六、成果展示，凸显基地示范引领

基地通过课题研究引领成员开展基于地理学科核心素养的情境教学课堂实践研究，探索基于地理学科核心素养的教研资源的开发与应用策略和探索青年地理教师成长的培养路径和方式的策略；通过搭建交流的平台，创设分享的机会，让基地成员在交流中碰撞思维，在分享中锻炼提升，促进基地成员的专业成长，凸显基地示范引领作用，促进揭阳地理教育不断发展。

活动1：巧设情境，激活地理课堂；研修探讨，改进教学方式

为了加强基地成员对"主题+区域"的情境教学模式的认识和理解，2021年9月9日，基地在揭阳第一中学榕江新城学校举行了"巧设情境激活地理课堂，身临其境解决地理问题"课例展示活动，大部分基地成员参加了本次活动。

创设故事情境，点亮地理课堂。倪婉玲老师围绕节目编导小方到云南进行实地走访的故事情境组织教学，通过设置问题组，从刻木分水、祭祀活动和土地利用3个角度引导同学们感受哈尼梯田的制度美、文化美、人和自然的和谐之美。

创设生活情境，激发头脑风暴。刘晓虹老师以第26届联合国气候大会召开前、广东省开展筹备会议为背景，创设生活情境，以学生作为会议代表、老师作为主持人的形式共同探讨气候变化问题。聚焦情境教学，改进教学方式，基于地理学科核心素养，开展高中地理情境教学，就是把知识还原到情境当中，让学生直观感受知识的原始形式，增强感受力的同时也增强理解力，从而激发学生的创造力。把学习活动置于真实的、复杂的、有意义的情境中，创设问题，引导学生在问题解决中获得知识，形成关键能力和必备品格，回应新课程改革立德树人要求，彰显地理课程的育人价值。

活动2：立足情境，深耕课堂；课例分享，各展风采

基地成员围绕基地项目建设主题"核心素养下以情境教学为抓手，推进高中地理新教材实施"进行情境教学实践，落实核心素养，聚焦学科育人。为了促进基地成员的专业成长，加强基地成员的学术交流，保证基地项目建设工作有序有效地推进，2022年4月25日—26日，基地开展基地成员基于情境教学的线上课例分享活动，部分基地成员以说课的形式分享了情境教学课例。

揭阳第一中学许裕婉老师用塞罕坝的真实情境引入新课，采用差别巨大的图片激发学生的学习兴趣，设置问题链来阐明植被的概念、类型和成因。揭东第一中学的李燕敏老师结合疫情防控的时事背景，以家住深圳的小林同学在疫情封控前的物资准备和隔离期间的日常生活为情境，用清晰的时间线将服务业的区位因素和服务业的区位变化两个知识有机串联起来，让学生沉浸在真实的情境中去分析问题和解决问题，最终达到教学目标。课堂过程流畅，环节完整，节奏紧凑。

河婆中学的陈淑芸老师以知名动漫IP引入，选用学生较为熟悉的汕头市为地理背景，创设澄海玩具产业发展的情境材料，通过探究理解地区工业发展的差异，培养学生的区域认知能力。揭阳第一中学的姚莲君老师深入挖掘教材中"浙江省青田县稻田养鱼"的情境案例,从时间尺度设置"赏稻鱼之美""析稻鱼之衰""探稻鱼出路"3个学习环节,激发学生探究乡村发展之路的学习欲望,进而从地理的视角感受人地和谐之美。揭阳第二中学的李玲老师在课前让学生利用丰富的网络资源收集相关资料,查找各大城市管道天然气收费标准,与揭阳本地的收费标准进行对比,引发学生对天然气价格差异的思考。教师和学生一起通过对比分析、延伸分析等方法,对整个案例进行分析、总结,最终得到分析资源跨区域调配的一般方法及对区域地理环境影响的规律原理,达到了课标要求。揭阳第一中学榕江新城学校的黄桂锋老师创设多个教学情境,培养学生运用图文材料分析和解决地理问题的能力,创设某企业从台湾迁移到深圳的情境案例,明确什么是产业转移,产业转移的分类,以及企业进行产业转移的根本目的,同时引入乡土地理,让学生了解家乡的产业转移现状,迅速将课堂知识落实到学生生活中,拉近教材与生活的距离,激发学生探索生活的欲望。

揭阳第一中学榕江新城学校的倪婉玲老师以高中生小明查找资料撰写科普文章探讨"洋垃圾"话题为情境,引起学生一定的态度体验,激发学生的学习热情。以"洋垃圾"为例,引导学生初步认识污染物跨境转移的概念与方式。以问题为导向,引导学生对早期"洋垃圾"进口的原因进行更深入的探究,提高课堂的深度。

普宁市第二中学的郑庆元老师以2020年夏天学生亲身经历的停水放假事件为背景,结合备受普宁市人民瞩目的乌石水厂应急供水工程引出学习内容——资源安全与国家安全。播放瑙鲁视频,以瑙鲁发展的兴衰案例剖析相关概念,结合实际生活分析保障资源安全的途径,并引导鼓励学生勇于担负建设家乡的重任,进行情感升华。

揭阳第一中学榕江新城学校的刘晓虹老师以南美洲阿塔卡马沙漠人民捕雾取水为背景,创设情境,从神奇的水资源引入,探讨雾的形成原理。

邱金元纪念中学的洪佳老师用时事新闻引发学生共鸣,调动学生的学习积极性,引导学生从粮食储备、粮食生产、技术研发、耕地保护等方面说出国际粮食价格上涨对我国粮食安全战略的启示，培养学生的爱国情怀。

揭阳华侨高级中学的林梓枫老师以库布齐沙漠被成功治理为背景，增强同学们的民族自信心与自豪感。让学生进行角色扮演，作为北京电视台的记者到库布齐沙漠进行实地考察与采访，展开区域特征收集、死亡之海成因、甘草种植、光牧结合、旅游发展5个方面的探究，在解决问题的过程中培养了学生的区域认知、综合思维能力，让他们深刻认识因地制宜，树立正确的人地协调观。

揭阳华侨高级中学的张亮老师以2022年2月4日冬奥会开幕式倒计时"二十四节气"中的"景观"导入赛湖蓝，以新疆赛里木湖切入主题——"湖泊"。选取历年真题中的典例进行重点探究，用思维导图进行总结，使思维结构可视化。采用学生自评、互评的形式，把时间还给学生，并让学生利用情境材料尝试命题，命答统一，提升学生的研究能力。

普宁市第二中学的李浩坤老师从网页报道、视频材料和学术期刊论文中选取素材进行整合，创设了某工厂发展的情境素材，形成241字的文字信息和两幅生产模式图。以视频进行导入，情境信息分为3个部分进行依次呈现，提炼设问，交给同学们进行分组讨论探究，推选代表进行解答分析。课外拓展，补充企业生产组织方式的演变进程，从中提取不同时期演变的主要影响因素，加深学生理解。

河婆中学的黄玉老师以揭西县坪上石内河是"冰臼"还是"河谷壶穴"展开主题探究，展示自己拍摄的河流地貌景观照片，一方面从学生熟悉的感兴趣的事物入手，有利于学生主动探索知识，另一方面教会学生多关注身边的地理现象，培养学生的地理实践力。

活动最后，基地负责人吴洁芬老师充分肯定了基地成员的努力和进步，她指出从课例分享中可以看出成员对情境教学有越来越深的理解，大部分老师都能整节课采用一个情境并设置问题链引导学生进行深度学习，践行"学生主体、教师主导"的教学理念，在"变革课堂教学方式，转变学科育人方式"的道路上努力前行。

活动3：情境教学展风采，教学研讨促提升

为了扎实推进基地项目建设，推进高效课堂教学改革，构建自主、高效、充满活力的课堂情境教学模式，展示与推广课题研究成果，加强基地学校之间、基地成员和基地学校地理教师间的交流学习，2022年6月28日—7月1日在揭阳第一中学、揭阳第二中学、揭阳华侨高级中学和揭阳第一中学榕江新城学校4所基地学校高一、高二年级开展"情境教学展风采，教学研讨促提升"课堂展示研讨活动。基地学校地理科组教师、基地成员和全市骨干教师及特邀点评专家参加本次活动，活动形式为同课异构、评议研讨。

揭阳第一中学许裕婉老师和黄泽珣老师同课异构"正午太阳高度的变化"（新教材选择性必修一），并进行评议研讨。

生活情境巧创设，地理问题妙设置。基地成员许裕婉老师创设了一个生动有趣的生活情境——"老许买房记"，从约定中介看时间、看设备定小区、提要求定楼层3个步骤实现"一境到底"。通过创设生活情况、设置地理问题，组织学生小组讨论和板演、分享等方式，充分调动学生的学习积极性，使正午太阳高度的变化原理、应用等重点知识得到落实，学生的能力得到培养。

熟悉情境显匠心，图文并茂夯基础。基地学校揭阳第一中学黄泽珣老师围绕一中校园的光照创设生活情境进行教学，熟悉的场景瞬间吸引了学生的注意力。接着，黄老师利用图文落实基础知识，了解太阳高度和正午太阳高度的概念，利用视频展示、地球仪演示和学生作图等多种形式，顺利实现了教学目标。

两堂课结束后，大家围绕情境教学中，情境创设必须"一境到底"，还是可以多个情境转换；情境教学中，必备知识和关键能力如何落实；情境教学中，学生的主体地位如何凸显；情境教学中，情境创设需要注意什么问题和问题设置需要考虑哪些因素等问题进行头脑风暴，引起思维碰撞，各位老师各抒己见，各有所得。

揭阳第二中学李玲老师和张春莲老师就"全球气候变化与国家安全"进行同课异构。

基地成员李玲老师以时间为线索，讲述巴西碳减排从消极应对到积极参与，"一境到底"，设置一系列探究问题，引导学生通过画示意图去理解碳循环，并检测学生对温室效应的理解。

"情境串联"探气候变化影响，张春莲老师利用课本示意图，利用横纵坐标、图例等，引导学生读图理解全球气候变化与人为碳排放的关系，在此过程中培养学生获取和解读地理信息的能力。

评议研讨中，老师们对于两位老师的设计给予充分肯定。揭东区教育局教研员廖树标老师指出，"全球气候变化与国家安全"属于新教材选择性必修三的内容，这本教材内容较新，综合性强，课程处理上是比较困难的，但两位老师都能通过情境的创设，采用探究式教学的形式引导学生进行学习，非常难能可贵。在交流讨论中，新视角、新观点竞相出现。例如，邱金元纪念中学洪佳老师提出运用"气、地、水、生、土"地理环境整体性来分析问题；揭阳第一中学榕江新城学校黄桂锋老师提出需要回归选择性必修三主题，上升到我国国家安全对应素养要求；河婆中学黄玉老师提出要明确学习目标；多位老师提到在问题分析探究中需要破除思维定式，培养学生辩证思维等。最后，吴洁芬老师高屋建瓴，提出3个关键问题：一是课堂活动如何落实真正地把时间还给学生；二是两节课的高度需要升华，在国际问题中如何体现我国的大国担当，落实家国情怀的核心素养需要教师正面引导；三是情境的创设和选择要贴合知识和目标要求，不管是单个情境"一境到底"还是多个情境进行组合，都要采用一定的时空线索，注意情境材料的和谐，最终有效地服务于教学目标。

揭阳华侨高级中学黄洁莲老师和卢燕卿老师带来了同课异构"农业区位因素"（新教材必修二新授课），并进行评议研讨。

"天价杨梅"设情境，对比探究悟区位。黄洁莲老师创设"一颗杨梅引发的思考"这一情境，以"中国杨梅60元一颗出口迪拜"的热搜话题导入，迅速抓住了学生的眼球，然后顺着这一情境引入农业及农业区位的基本知识，夯实基础。

时令葡萄话农业，博观约取助理解。卢燕卿老师用学生熟悉的时令水果葡萄引入，播放关于新疆吐鲁番葡萄的视频，并结合葡萄的生长习性引导同学们一起概括出农业生产地域性、季节性和周期性的特点，用河西走廊生产葡萄的综合分析题让同学们进行对点练习，学以致用。从卢老师的精心设计可以看出，卢老师对课标的理解到位，对情境教学把握较好，情境设置较新，应时应情，问题设置层层深入，多角度启迪思维，培养能力。

深研情境重素养，评议研讨促成长。一节好课需要精细打磨，而有效的评课交流会给老师们更多的启发。评议研讨中，观摩老师们积极发言，提出了很多想法，并进行了激烈讨论。榕城区教育局教研室教研员李金丽老师建议情境素材不只停留在导入环节，可进一步深入挖掘，例如，从杨梅这个素材出发，让学生思考为何是60元一颗，为何是迪拜，是中国哪里的杨梅出口了迪拜，这里的杨梅种植又有什么样的优势，在中国为什么没有办法卖出60元一颗的高价等问题，串起核心知识点，形成"一境到底"。其他老师也提出在实行情境教学时，要重视落实基础知识和基本原理，方能实现情境教学的初心。大家还对教材案例是否可用，是一味追求新案例，还是可以选用课本上的案例；高一课程应侧重基本概念、基本原理，老师在进行情境教学时如何避免"讲情境"；如何让学生真正成为课堂的主人，如何激发学生自主学习的积极性等教学疑惑进行了有效交流。最后，基地负责人吴洁芬老师进行总结，她充分肯定了老师们积极参与讨论的热情和不断学习研究的态度。吴洁芬老师谈到，课堂展示活动中老师们都能有意识地组织开展学生活动，但学生主体地位的凸显还不明显，老师还要再大胆一点儿，放手让学生去说、去展示，才能真正锻炼学生的能力。在做课堂设计时，老师要思考情境教学如何落实课本知识，情境教学是一种辅助教学的手段，始终为学生掌握、理解和应用知识服务。

揭阳第一中学榕江新城学校倪婉玲老师和郑艺钰老师同课异构"澳大利亚"（新教材区域地理复习课），并进行评议研讨。

情境创设重探究，问题导向培素养。倪婉玲老师以"跟着库克团队去考察——澳大利亚"为主题创设情境，从故事起源娓娓道来，融合问题探究，学生仿若身临其境，跟着老师的视角移步换景，在老师的引导下深入探究。课堂亮点频现、思辨性强，教师引领有方，学生探究有序，课堂氛围融洽，师生彼此成就，教师教有所成，学生学有所得。

巧借工具析要素，对比探究育能力。郑艺钰老师首先引入两位历史人物——皮丹尔和库克，通过他们来到澳大利亚的不同见闻，设置矛盾冲突，引发学生的思考，顺利过渡到对澳大利亚的达尔文和悉尼两座城市气候的对比探究。郑老师的语言幽默诙谐，与学生互动频繁，深受学生的欢迎，形成了良性的互动氛围。

　　评议研讨促反思，集思广益破难题。评议研讨中，老师们都高度赞扬了两位老师的精心设计，肯定了两位老师以学生为主体的课程亮点，也指出了课程中存在的一些不足，在这场激烈的对话风暴中，老师们各抒己见，讨论热烈，气氛活泼。揭阳市榕城区教研室教研员李金丽老师指出，区域地理作为高考命题的背景，其复习在高三教学过程中显得非常重要，复习模式也值得老师们反复探讨，既要避免对初中内容的简单重复，又要强化方法论的教学，引导学生进行迁移，李老师还特别提及教学过程中要注意所提问题的思想性。揭阳第一中学榕江新城学校黄桂锋主任认为，区域地理的复习深度不好把控，一直是困扰地理老师的问题，以本节"澳大利亚"复习课为例，两位老师选取的授课内容、授课过程各不相同，倪婉玲老师打开了区域地理复习的思路，形成明显的"主题+区域"式探究模式，凸显学生的主体地位，但还可以拓展延伸到澳大利亚的其他地区，同时还要加强细节上的处理；郑艺钰老师则侧重于自然地理与人文地理要素之间的联系，内容处理巧妙，语言感染力强，美中不足的是课程容量较小，课堂语言的处理也需更加严谨、科学。河婆中学黄玉老师结合从"传统授课型"到"小组讲授型"再到"主题探究型"复习模式转变的亲身经历，指出主题探究模式是区域地理复习的高效模式，以此勉励老师们积极探索情境教学融合区域地理复习的途径。活动最后，基地负责人吴洁芬老师做总结发言。她从自己举办活动的初心出发，欣慰于基地成员和基地学校地理教师的成长，指出评议研讨过程中每位老师基本能够自主地表达自己的想法，能给出肯定，也能发现不足。吴洁芬老师肯定了青年教师参加教研活动的积极性，也鼓励更多教师积极参加教研活动。对于区域地理的复习策略，吴洁芬老师也不吝分享。吴洁芬老师认为，首先要明确区域地理复习的目的是查漏补缺，因此要掌握学生的学情，老师可以通过课前测试有效、便捷地了解学生学情，对于学生已掌握的知识点可以适当放手，采用板演、投影等形式进行展示，教学重点则应落在运用与拓展上。在内容选择与处理层面，吴洁芬老师认为不必面面俱到，重在培养学生综合分析具体情境下地理问题的能力及地理学科核心素养。

"心有明月昭昭，千里赴迢遥"。基地致力于搭建高中地理教师交流学习的平台，拓宽地理教师的学科视野，丰富地理教研形式，充实教研内容，促进优质教育资源的共享，引领地理教师的专业成长，为教育高质量发展奉献基地力量。教研道路阻且长，基地愿以星星之火，造燎原之势，在教研路上，且行且努力！

活动4："一境到底"重逻辑，巧设妙问微专题

为了进一步提高高三二轮复习备考效率，构建高效地理课堂，推广基地项目建设教研成果，引领全市高三高效复习备考，为课堂教学高质量发展奉献高中地理学科力量，基地于2023年2月21日—24日在基地学校开展"'一境到底'

重逻辑，巧设妙问微专题"的高三二轮复习研讨活动。基地成员、基地学校地理科组教师、县区教研员及全市高三骨干教师代表约160人次参加本次活动。

参加活动的老师们观摩揭阳第二中学李桂锋老师与陈焕敏老师的高三二轮微专题复习课"地球运动的地理意义"，并就两节课展开研讨，共商二轮复习策略。

情境激活课堂，探究培育素养——由一张聊天截图引发头脑风暴。李桂锋老师从热门考点入手，带领学生进入课堂，引导学生分组讨论4个热门考点的核心知识，展开了关于地理上的"时间变化"与"空间差异"的深层探讨。李老师以高屋建瓴、深入浅出之势，碾压学生的常规思维，再用地理原理循循善诱，"一境到底"，妙问层出不穷，带领学生探究生活问题，理解地理规律，博得学生阵阵豁然开朗的欢呼。李老师的课堂实现从常规良好结构到复杂不良结构的突破，关注学生的最近发展区，激发学生的头脑风暴，培育学生的地理学科核心素养。

解密校园相册，培育时空思维——从校园相册穿越到地理的时空规律。陈焕敏老师利用手机里的校园相册，带领学生进行了一场直觉与思维的"碰撞"。用一张日出照片，引发了对"日出日落时间"的疑问；用一张校门口的绿源公交车照片，关心窗边座位上的同学是否晒到太阳，开启"太阳视运动"的直觉探讨；用一张校园的升旗台影子照片，联想到"太阳高度"与"日影变化"的谁是谁非……设问与解答并存，质疑与推理持续，陈焕敏老师始终以接地气、懂人心的姿态，抛出生活中的现象，巧设问题，带领学生回味大自然创造的地理时空规律。校园情境贯穿整个教学，节奏紧凑，逻辑缜密，由浅入深，把学生从"怀疑人生"的边缘拉回现实世界。从简单到复杂，从熟悉到陌生，由校园里的相册引发了一系列地理情境问题，在很大程度上培养了学生的辨析能力和空间思维。

课后，与会教师将个人对课堂的理解与感受，结合高三二轮复习如何有效开展分享了做法和建议，点评中肯到位，指正恰如其分，教师们在此过程中更好地见识到"情境"与"知识"如何科学搭配，深刻地感受"问题提炼"与"规律呈现"如何合理设置。现场发言踊跃，思维火花四射，老师们无私分享经验，直面复习瓶颈，探讨最优策略，助力高效备考。基地负责人吴洁芬老师做总结性发言，她首先说明了举办活动的初心所在，勉励在座教师在"三新"背景下集思广益，做好高三二轮复习，构建高效复习课堂；其次，引用河婆中学黄玉老师对两节课的高度评价"用心、有情""一境到底""灵魂追问""各有所长"，肯定了两节研讨课的示范作用，鼓励地理教师在"学中做，做中学"的过程中探索高效复习课堂的策略；最后，她真诚希望在座地理教师"聚是一团火，散作满天星"，把研讨活动中所见所闻、所思所得带到各自学校去，基于考情学情做到科学备考，高效备考，共同提升备考质量，为揭阳高考奉献地理学科的智慧。

揭阳华侨高级中学的林梓枫老师和邹春春老师分别带来了一节以"农业可持续发展"为主题的高三二轮微专题复习课，与会老师展开评课，探讨高考备考策略。

时事热点成情境，学科素养巧落地。林梓枫老师以黄河三角洲东营市盐碱地的开发为例，设置4个问题链，由浅入深、层层递进，引导学生思考，最终点题——实现农业的可持续发展。

耕海牧田谋发展，蓝色粮仓需守护。邹春春老师围绕农业可持续发展，以"莱州湾耕海牧海，打造蓝色粮仓"为主题，以海洋农业问题、海洋农业可持续发展、打造蓝色粮仓为主线，用情境串起整个微专题的知识网络，"一境到底"，一气呵成。

在评课环节，在场老师们各抒己见，畅所欲言，针对两节课提出自己的看法和建议。精彩点评不断，持续碰撞出更多思维的火花。在听课中反思，在评课中成长，听课老师在评课研讨活动中分享交流，深入研究高三二轮复习如何提高实效。最后，吴洁芬老师强调二轮复习不能走一轮复习的老路子，新授课、一轮复习课、二轮复习课要各有所侧重，新授课以大单元的视角进行教学设计，重在落实必备知识和关键能力，一轮复习课以大专题进行知识的整合和重构，搭建整个知识体系和框架，二轮复习则以"小切口、深挖掘"的微专题进行思维逻辑训练，提高学生分析问题、解决问题和阐述问题的能力，落实地理学科核心素养的培育。她还勉励地理人要有地理视角和国际视野，要利用地理课堂开阔学生的视野，打开学生的格局，带领学生一起探究更广阔的世界。

研讨活动来到了第三站——揭阳第一中学榕江新城学校，彭锶淇老师与黄桂锋老师为我们呈现了高三二轮微专题复习课"区域农业发展"，共商二轮复习策略。

种瓜有道可持续，落实素养有方法。作为二轮复习课，彭锶淇老师在课前让学生整理自己关于农业区位分析的思维导图并在课堂上展示，有效落实基础知识，再以宁夏中卫市硒砂瓜产业曲折的发展历程设计了"硒砂瓜之问""硒砂瓜之路""硒砂瓜之思"的系列追问。在彭老师的巧妙设计下，学生本在情境中探区位选择因地制宜之理，却不得不面对生态与经济的"爱恨纠葛"，山重水复疑"种瓜"无路，柳暗花明又转型致富，跌宕的发展之路极大地调动了学生参与课堂的积极性和主动性。

经典案例出新意，寻路农遗有巧思。黄桂锋老师以时间为线索，将珠三角"基塘农业"的前世、今生及未来进行串联，引导学生在情境中主动提出问题、解决问题，结合老师后续的设问层层递进，思维逻辑不断深化，情感不断升华。最后，黄老师望向基塘农业系统遗产地的背影照片更是引发学生对人地协调发展的深刻思考，给予同学们深刻的价值引领，这是一节既有思维深度又有情感厚度的地理课。

课后，老师们就个人教学的看法、经验及对课堂的理解进行研讨发言。河婆中学黄玉老师评价彭锶淇老师年轻而老道，黄桂锋老师则功底深厚，如武林高手挥洒自如，势如破竹，两节课亮点不断，畅快淋漓。揭阳市榕城区教研员李金丽老师充分肯定两位老师对必备知识的回顾方式，特别指出黄老师的课有效地将情境融入二轮复习的同时落实一轮复习基础知识，但又区别于一轮复习，是一节良好的示范课。此外，老师们也从如何引导学生提问，如何更大程度地发挥学生的主体地位，如何更好地选择情境案例和设问等多角度提出自己的见解。吴洁芬老师告诉老师们，读万卷书，走万里路，阅人无数，经高人指点，从而达到高层次的学习。别人的优秀课例，可以激发老师们自身尝试的冲动、进取的热情。参加活动不只是学习，更是交流。在学中做，在做中学，就如基地在一步步的实践中不断创新教研形式。老师们以负责认真的态度对待，也终将有属于自己的收获。

揭阳第一中学许冬微老师与郑敏贵老师为我们呈现了高三二轮微专题复习课"乡村振兴战略"。

"一境到底"探乡村振兴，多元分析谋发展策略。新课伊始，许冬微老师从中央文件入手，引入乡村振兴战略热点话题，以"村美民富产业旺，宜居宜游宜发展"为主题，"一境到底"，纵向串联。

深入浅出研乡村振兴，情理相融育家国情怀。郑敏贵老师首先创设大情境——大学室友的一场"卧谈会"，引导学生区分基础概念——专业、就业和产业。接着，以4位室友的见闻和经历，又分设了4个微情境，情境间互不隔断，逐步深入，并分别搭配一道高考真题，使学生对"新农人，新农业，新农村"在乡村振兴中的发展方向有了初步体验，最后本节课在学生充满激情的《我的祖国》和《稻香》歌声中落下了帷幕。

课后，老师们就个人教学的看法、经验及对课堂的理解进行研讨发言。老师们共同赞许了许老师和风细雨的教学方式，也对郑老师的游刃有余表示钦佩。两位老师采用不同的授课方式——许老师是用一个情境做到"一境到底"，郑老师是拆分多个情境，在同课异构中取得良好的教学效果，共同为高考二轮复习模式打好了样板。

七、研学实践，丈量乡土知行合一

《普通高中地理课程标准（2017年版2020年修订）》的教学实施建议中强调要积极创造条件，开展地理实践教学。地理实践是支持学生地理学科核心素养发展的重要手段，也是地理教学的重要方式之一。地理实践活动的设计和实施，以地理学科核心素养的培养为宗旨，与地理理论知识的学习和应用相结合，引导学生用地理视角去观察、行动和思考，并在对真实世界的感受和体验

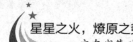
中进一步提升理性认识，逐步建立起地理知识之间的关联。

要给学生一杯水，老师不仅要有一桶水，还要有长流水！为进一步落实立德树人根本任务，教师要转变教学观念，锻炼实践能力，提升业务水平，推动课堂教学方式变革，落实地理学科核心素养，推进教、学、评一致性；同时，基地要克服困难，搭建研学实践平台，不断探索研学实践的路径。

活动1：步履不停，丈量乡土；知行合一，落实素养

2021年9月11日，在基地负责人吴洁芬老师的指导下，基地核心成员黄桂锋老师、倪婉玲老师和彭锶淇老师组织揭阳第一中学榕江新城学校地理兴趣小组的15位学生开展地质地貌研学旅行。

谋定而动定方案，有条不紊做准备。为了出色完成实践活动，基地成员倪婉玲老师用心制定、打磨研学活动方案，确定了研学具体事宜、有效措施及安全保障等工作。

风门古径观地貌，风化证据细探寻。第一个研学地点为风门古径，师生在此用脚丈量世界，用眼观察环境，用心发现问题，用脑探究问题，理论联系实际，知行合一。大自然就是最好的课堂，学生借助研学问卷，在大自然真实情境中观察、探究、追问，利用课堂、书本学到的相关知识去发现风化地貌，寻找风化证据，以期解读风门古径的形成过程。知识在思辨中得以巩固，能力在思辨中得以提升，这是课堂教学的有效延伸，也是课堂教学的创新模式。

明月公园观河流，堆积地貌呈新颜。第二个研学地点为明月体育公园，学生在此一边近距离欣赏揭阳母亲河榕江南河、北河合流交汇的壮观场景，一边按照研学问卷的要求考察河流堆积地貌，讨论分析项目建设给当地生产生活带来的影响。

成果汇报展风采，研学归来话收获。学生回到学校，利用中午进行研学成果整理，然后汇报展示。研学答卷文字工整，地图精美，图文并茂，异彩纷呈；成果展示课件精美，思路清晰，亮点频现，精彩纷呈。汇报展示充分展现了一中新城学子的风采。指导老师倪婉玲老师对学生汇报展示进行点评，充分肯定了学生的组织纪律性和自理能力，也肯定了他们能够学以致用，充分调动所学知识去解释研学过程中碰到的地理问题，并且基本解决了研学问卷中的问题。倪婉玲老师指出，研学旅行继承和发展了中国传统游学、"读万卷书、行万里路"的教育理念和人文精神，是素质教育的新内容和新方式，侧重培养中小学生的自理能力、创新精神和实践能力。研学不是一般的走走逛逛和到处拍照，而是研究性学习和旅行体验相结合，学生集体参加的，有组织、有计划、有目的的校外参观体验实践活动。研学有主题，以课程为目标，以"动手做、做中学"的形式，让学生共同体验，分组活动，相互研讨，书写研学日志，最终形成研学总结报告。

活动2：同研共学，转变教学方式；示范引领，促进"双减"落地

2022年1月7日下午，在广东省教育研究院开展"南方教研大讲堂"第二十七场"研学转变教学方式，实践赋能'双减'落地——广东省中学地理跨学科主题研学实践课例探讨"活动中，基地助手、揭阳第一中学榕江新城学校倪婉玲老师携课例"塑造地表形态的力量"代表基地进行展示。该课例是在基地负责人吴洁芬老师和核心成员揭阳第一中学榕江新城学校黄桂锋老师精准引领、悉心指导，以及倪婉玲老师精心设计、反复打磨、细心润色下产生的，是立足于揭阳乡土特色基础上对"双减"政策下转变教学方式的深入探索。课例依托揭阳的地域景观特色开发了以风门古径、京北渡口为研学地点的乡土研学课程，学生在风门古径寻找岩石风化证据、在京北渡口观察河流边滩，从二维的书本知识走向三维的大自然课堂，研乡土地貌，探自然之力。对于乡土地理不具有的冰川作用，则回归课堂，以图片、动画的形式"云研学"青藏高原"拉姆拉错"景观，从而完成探究学习。该课例采用户外实践与课堂教学相结合的方式，学生分组开展研学实践，表达自己的观点，互学互促，共研共进，于深度学习中实现思维进阶，提升地理学科核心素养，厚植家国情怀的目标。

课例得到了深圳市教育科学研究院党总支委员、高中教研中心主任龚湘玲的肯定。龚主任指出"塑造地表形态的力量"课例通过三步两环节完成任务，实现了传统与创新的相互碰撞、融合，属于小步走的策略，符合新课标教学的要求，培养最基本的地理学习方法和能力。广东省教育研究院地理教研员施美彬老师认为，"塑造地表形态的力量"课例通过利用身边的地貌景观，同时结合实景的图文资料，开展实际的实践考察和"云研学"，让学生理解风化概念、风化地貌、流水沉积地貌和冰川地貌，通过对比，培养学生的区域认知、综合思维，形成内外力辩证统一的观点，为高中地理新课程、新课标、新教材的实施提供了很好的示例。

活动3：开展研学实践，培育核心素养；传承红色基因，落实立德树人

为了提升基地成员开展地理教学实践的能力，探索红色研学实践的线路规划和地理问题设计，2023年3月15日下午，基地负责人吴洁芬老师带领部分基地成员前往揭西县南山镇火炬村红色研学基地开展研学实践活动。揭西县南山镇火炬村，坐落于莲花山脉大北山南麓，原名龙跃坑村，因该村是革命老区，寓意星星之火，可以燎原，而以"火炬"为村名，沿用至今。火炬村是揭阳市首批市级党员教育基地，也是揭阳市红色研学基地之一。基地成员参观了解放战争时期的革命遗迹，接受了革命精神的熏陶，传承了优良的红色基因，同时从地理视角出发，挖掘火炬村的地理研学素材，探究地理研学问题的设计。

活动4：慧聚石内，探秘地貌发育；融通产业，奏响乡村振兴

为了提升基地成员开展地理教学实践的能力，探索河流地貌、乡村振兴等研学线路规划及地理问题设计，2023年3月16日下午，基地负责人吴洁芬老师带领部分基地成员前往揭西县坪上镇石内河开展研学实践活动。揭西县坪上镇石内河，位于粤东揭西县城东南约7.5千米，山地广阔，气候温和，有"天然氧吧"之称。该地区河流地貌形态各异，诉说地质地貌的岁月变迁；万亩梅林渐次绽放，吹响乡村振兴号角；河谷瓦房零星点缀，讲述着人地协调发展的故事。基地成员考察石内河的河谷地貌，走访石峡村、潭角村的乡村振兴发展历程，感受自然的力量、乡村的人文情怀，用慧眼探寻身边地理，用情怀拥抱乡土山水，从地理角度出发，挖掘坪上镇的研学素材，探究地理研学的问题创设。

活动5：他山之石，可以攻玉；研学实践，知行合一

2023年4月28日，借助广东省教育研究院在汕尾市开展的"走进粤东西北教研帮扶活动"，基地组织部分成员前往汕尾海丰红宫红场旧址纪念馆和汕尾品清湖，开展地理研学实践活动。革命资源陆续开发，城市经济不断盘活，海丰是一个承载着红色记忆的革命老区，是全国13个红色根据地之一，这里走出了中国无产阶级革命家、中国共产党早期领导人、杰出的农民领袖彭湃，还有中国致公党原主席、著名民主人士陈其尤等人。我国第一个苏维埃政权，就在著名的海丰红宫红场诞生。城市的人文景观是体现一座城市外在形象的重要载体，在中国城镇化迅速发展的过程中，海丰县在传承的基础上创新优秀传统文化，以文化软实力推动经济硬发展。周边不少村落以红色旅游产业引领，现代服务业、特色农业等多元产业融合发展，共同助力乡村振兴。

游品清湖风光无限，用地理眼探索求知。品清湖位于汕尾市中心城区东南面，西联珠三角，东联汕潮揭城市群，地理区位条件优越，面积约22平方千米，是中国大陆第一大潟湖、亚洲第二大潟湖。品清湖是天然的避风良港，拥有丰富的旅游资源，既有大海的粗犷，又有河湖的静美，被誉为汕尾的母亲湖；又是渔业增养殖区和盐业生产区，不同季节盛产不同的海鲜，泥猛鱼、虾、蟹等水产"一捞就有"，被誉为汕尾港的生命湖。基地成员乘船登陆沙坝，开展研学实践，挖掘地理研学素材。读万卷书，不如行万里路，最美的课堂在路上，最真的素材在生活。地理教师研学活动，不仅收获知识，增长见识，锻炼体魄，还可以将理论应用于实践，探究地理现象，分析地理规律。这也为高中地理课堂教学提供了更多鲜活生动的真实案例，为全面提高地理教学水平提供更丰厚的知识积淀。

八、团队建设，星星之火，燎原之势

"一个人走得快，一群人走得远！"基地项目建设非常重视团队建设，挖掘团队的潜力，发挥团队的力量。近3年来，基地项目建设努力打造"原创试题命制工作坊""情境课堂工作坊""高考备考指导小组"3个团队，剑指教学评一致性的课堂教学改革和青年教师的成长途径研究，致力于构建市教研室—县（市、区）教研室—学校教研科组三级教研体系。"聚是一团火，散作满天星"，基地项目建设以基地学校和基地成员为骨干力量，引领着全市的地理教研活动顺利开展，以星星之火，造燎原之势，为揭阳教育的高质量发展贡献地理教研的力量。

学科教研基地项目建设的成员成果

近3年来，基地全体成员在"学中做，做中学"的过程中，齐心协力，克服重重困难，在基地项目建设方面做了大量的工作。他们利用课堂主阵地，开展课题研究，坚持践行自主、合作、探究的理念，进行课程和课堂变革的实践研究，通过外出学习、联合研修等方式，不断提升专业素养和育人能力；通过搭建平台，开展多种多样的技能竞赛和教研活动，持续锻炼专业技能和学科素养；通过送教下乡、教研帮扶和成果展示等活动，推广基地项目建设成果，展现基地成员风采，起到了很好的示范引领作用，并为区域教育均衡发展奉献基地力量。基地成员，尤其是年轻教师不断努力学习、大胆探索、积极参与基地教研活动，一分耕耘，一分收获，有了喜人的成果和业绩。

基地负责人吴洁芬： ①受深圳市宝安区教育科学研究院邀请在"2021年初中地理会考备考教研活动"中开设题为"沿试题命制思路，探会考备考策略"专题讲座；②受广东省庄伟平名校长工作室邀请开设题为"浅谈核心素养下的情境教学"的专题讲座；③指导许裕婉老师参加2021年全国中学地理原创试题设计大赛，获评"优秀指导老师"；④2021年9月9日，在广东省教育研究院举办的2021年广东省基础教育教研基地项目建设第一次学术论坛活动中开设题为"核心素养下以情境教学为抓手推进高中地理新教材实施"的主题发言；⑤2021年11月20日，担任第五届广东省高中地理教师现场命题比赛指导老师；

⑥2021年12月，被评审认定为揭阳市首批中小学学科带头人；⑦荣获2022年揭阳市中小学综合实践活动和劳动教育优秀教学案例征集评选活动一等奖；⑧论文《浅谈在高中地理教学中如何渗透传统文化——以地域文化与景观为例》在2021年广东省中学地理论文评选活动中荣获一等奖；⑨指导揭阳第一中学许裕婉老师的教学课例"植被与环境的关系"、揭东第一中学黄小丹老师的教学课例"喀斯特地貌"在2022年广东省普通高中新课程新教材实施优质教学课例征集活动中被评为优秀作品三等奖；⑩2022年10月，被人民教育出版社聘为人教版高中地理教材培训专家；⑪2023年5月18日，在"走进粤东西北（韶关）教研帮扶活动"中开设"学中做，做中学，推进'教学评一致性'中学地理有效教学"的专题讲座；⑫2023年7月17日，应韩山师范学院教育科学学院要求开设"初中地理研学旅行"的专题讲座；⑬2023年8月24日，在"核心素养导向的高中地理课堂教学与学业质量评价"联合研修活动中，主讲"指向地理学科核心素养的地理课堂教学"；⑭2023年10月，被评为"揭阳市优秀教研员"。

基地助手倪婉玲：①2021年5月，获揭阳市第二届高中地理青年教师解题大赛一等奖；②2021年5月，在广东省举办的"2021年普通高中三科统编教材和人教版高中新教材培训"（地理学科）活动中，做课例分享"地域文化与城乡景观"；③2021年7月，试题"亚马尔液化天然气，为低碳环保助力"获揭阳市高中地理教师命题比赛一等奖；④2021年9月，参与广东省教育研究院举办的"2021年走进粤东西北（清远）教研帮扶活动"，做课例展示"塑造地表形态的力量"；⑤2021年9月，执教的"地域文化与城乡景观"一课参加第二届广东省青年教师教学能力大赛揭阳市高中地理学科初赛（第一阶段）选拔赛获一等奖；⑥2021年9月，获第二届广东省青年教师教学能力大赛揭阳市高中地理学科初赛一等奖；⑦2021年11月，获第五届广东省中学地理教师现场命题比赛（高中组）三等奖；⑧2021年12月，被评审认定为揭阳市首批中小学骨干教师；⑨2022年1月，携课例"塑造地表的形态"参加"南方教研大讲堂"第二十七场"研学转变教学方式，实践赋能'双减'落地"——广东省中学地理跨学科主题研学实践课例探讨活动；⑩2022年3月，论文《浅谈建构主义指导下的问题式教学——以"地域文化与城乡景观"为例》获2021年广东省中学地理教学论文评选活动二等奖；⑪2022年3月，教学设计"塑造地表形态的力量"获2021年广东省中学地理教学设计评选活动一等奖；⑫2022年3月，教学设计"地域文化与城乡景观"获2021年广东省中学地理教学设计评选活动二等奖；⑬2022年3月，获第三届广东省中小学青年教师教学能力大赛普通高中教育组地理学科三等奖；⑭2022年5月，负责的课程"研乡土地貌，探自然之力，育家国情怀"在2021年广东省教育厅中小学生研学实践教育优质课程评选活动中获一等奖；⑮2022年5月，指导学生参加第一届揭阳市高中生"地理大阅读"科普征文比赛，被评为"优秀指导老师"；⑯2022年8月，案例"研地质地貌，探造地之力，育乡土情怀"在2022年揭阳市中小学综合实践活动和劳动教育优秀教学案例征集评选活动中获高中综合实践活动优秀案例一等奖；⑰2022年8月，指导郑艺钰老师参加2022年全国中学地理原创试题设计大赛，被评为"优秀指导教师"；⑱2022年10月，被评为揭阳市教育系统"优秀班主任"；⑲2022年10月，微课作品"资源枯竭型城市的转型发展"获2022年揭阳市高中地理微课视频评选活动一等奖；⑳2022年11月，指导郑艺钰老师参加2022年揭阳市高中地理高效课堂微格课教学评选活动，获二等奖；㉑2022年12月，教学设计"跟着库克团队去考察——澳大利亚"获2022年广东省中学地理教学设计一等奖；㉒2022年12月，论文"浅析问题情境教学与地理学科核心素养的内在关联性"获2022年广东省中学地理教学论文评选活动三等奖；㉓2022年12月，教学设计"资源枯竭型城市的转型发展——话说焦作"获2022年广东省中学地理教学设计评选活动三等奖；㉔2023年6月，在2023年揭阳市中小学班主任基本功展示交流活动中，获两个单项（育人故事、主题班会）二等奖，一个单项（带班育人方略）三等奖，总成绩三等奖；㉕2023年8月，获第九届揭阳市班主任专业能力大赛高中组三等奖；㉖2023年9月，案例"研乡土地貌，育家国情怀——以'塑造地表形态的力量'研学课程为例"在2023年广东省研学实践教研员岗位研修暨研学成果交流展示活动中进行展示。

基地成员黄玉：①2021年4月，主编《5年高考3年模拟高中地理必修三（人教版）》（首都师范大学出版社出版）；②2021年5月，主持的课题"核心素养下'微专题'在高三地理二轮复习中应用的实验研究"结题；③2021年7月，在"2021年揭阳市高中地理教师现场命题比赛（第二阶段）暨青年教师命题培训活动"中，开设题为"加强原创命题，提升专业素养——高中地理试题命制方法探讨"的专题讲座；④2021年9月，获揭西县"优秀教师"称号；⑤2021年9月，论文《高中地理选择题的解题方法之不同空间尺度类试题》获《地理教育》杂志社举办第二届"经纬杯"全国地理教学研究成果大赛二等奖；⑥2021年9月，文章《水资源与水平衡》在《当代中学生报》（CN36-0059）（总第562期）发表；⑦2021年11月，指导张友银等老师获第五届广东省中学地理教师现场命题比赛（初中组）三等奖；⑧2021年11月，获第四届广东省中学生地球科学竞赛暨第二届粤琼中学生地球科学竞赛（广东赛区）决赛"优秀指导老师"称号；⑨2021年12月，获"揭阳市首批中小学学科带头人"称号；⑩2022年3月，教学设计"基于主题式情境教学的高三地理复习课教学设计——以'水量平衡'为例"获2021年广东省中学地理教学设计评选活动三等奖；⑪2022年5月，指导陈淑芸老师获广东省中学地理论文评选活动三等奖；⑫2022年5月，指导邱静红老师获"华南师大—中小学协同发展联盟"新课标新教材新高考背景下教学研究优秀论文评选与分享活动二等奖；⑬2022年7月，主持的课题"乡土地理课程资源在高中地理情境教学中的应用研究"立项；⑭2022年7月，在大湾区地球科学知识竞赛暨全国邀请赛竞赛委员会举办的第5期"地理老师眼中的'山'海经"活动中开设题为"智者乐水，仁者乐山——地理老师眼中的'山'"讲座；⑮2022年7月，在大湾区地球科学知识竞赛暨全国邀请赛竞赛委员会举办的"地理老师眼中的'山海经'"活动中开设题为"地球科学知识

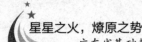

竞赛暨全国邀请赛初赛试题分析"讲座；⑯2022年8月，在大湾区地球科学知识竞赛暨全国邀请赛竞赛委员会举办的"地球科学系列之基础地质学十讲"活动中开设题为"第三讲'地球的圈层结构'"专题讲座；⑰2022年8月，文章《基于主题式情境教学的高三地理复习课教学设计——以"水量平衡"为例》在《当代中学生报》（CN36-0059）高中地理·教研版第8期（总第607期）发表；⑱2022年8月，在2022年揭阳市高中地理教师现场命题比赛（第二阶段）暨青年教师命题培训活动中，开设题为"地理原创题的命制技巧"的专题讲座；⑲2022年11月，文章《张北的风点亮北京的灯》在《当代中学生报》（CN36-0059）高三地理（A）第16期2022—2023学年（总第620期）发表；⑳2022年11月，在大湾区地球科学知识竞赛暨全国邀请赛竞赛委员会举办的"地球科学系列之基础地质学十讲"开设题为"第八讲'岩石圈板块——地球的拼图'"的专题讲座；㉑2022年11月，指导邱静红老师获2022年揭阳市高中地理高效课堂微格课教学评选活动一等奖；㉒2022年11月，指导钟锐旋老师获2022年揭阳市高中地理高效课堂微格课教学评选活动二等奖；㉓2022年12月，论文《地理学研究方法在高中地理教学中的渗透——以人教版必修一"土壤"为例》荣获2022年广东省中学地理论文评选活动二等奖；㉔2022年12月，教学设计"基于乡土情境教学的高三地理复习课教学设计——以'河流地貌的发育'为例"荣获2022年广·东省中学地理教学设计评选活动三等奖；㉕2023年7月，指导陈淑芸等5位老师获2023年广东省高中地理研学实践成果交流展示活动二等奖；㉖2023年8月，课程设计方案"开展乡土研学，发现自然之美——河流地貌研学旅行"获2023年全国研学课程设计大赛二等奖；㉗2023年9月，在2023年揭阳市中学地理教师命题比赛暨主题培训活动中，开设题为"浅谈地理原创命题素材的处理过程"的专题讲座；㉘2023年10月，指导江泽君老师获第四届广东省中小学青年教师教学能力大赛揭阳市高中地理学科初赛（现场赛）活动一等奖。

基地成员廖树标：①2021年7月，指导林晓洁老师参加2021年揭阳市高中地理教师命题比赛获一等奖；②2022年10月，指导黄婉仪、林艾佳、谢婉桦老师参加2022年揭阳市高中地理微课视频评选活动获一等奖；③2022年10月，指导黄洁琼老师参加2022年揭阳市高中地理微课视频评选活动获一等奖；④2022年12月，组织、指导揭东区教师参加省教研成果评选活动，成绩优异，共23人获奖；⑤2023年9月，指导黄小丹、邢敏、林坤霞、林琳老师参加2023年揭阳市中学（高中组）地理教师命题比赛获一等奖；⑥2023年9月，指导林洁如、郑燕佳老师参加第四届广东省中小学青年教师教学能力大赛揭阳市中学地理学科（初中）初赛，分别获一、二等奖；⑦2023年9月，指导陈丽满老师参加第四届广东省中小学青年教师教学能力大赛揭阳市中学地理学科（高中）初赛获一等奖。

基地成员黄桂锋：①2021年12月，被评审认定为揭阳市首批中小学骨干教师；②2022年5月，指导多名学生参加第一届揭阳市高中生"地理大阅读"科普征文比赛并获奖；③2022年7月，参与课题"生态文明视角下的高中研学课程开发实践研究"被批准立项为揭阳市教育科学规划2022年度课题；④2022年8月，参与教学课例"研地质地貌，探造地之力，育乡土情怀"，在2022年揭阳市中小学综合实践和劳动教育优秀教学案例征集评选活动中获高中综合实践活动优秀教学案例一等奖；⑤2023年2月，在广东省基础教育（揭阳）地理学科教研基地学校高三二轮复习研讨活动中，执教微专题展示课"区域农业发展"；⑥2023年2月，在揭阳市2023年教研工作会议暨地理学科高考研讨活动中举行微专题示范课；⑦2023年7月，参加华南师范大学举办的教育部"国培计划（2023）"综合改革项目——信息技术与教师培训融合研修。

基地成员卢燕卿：①2021年1月，获揭阳市地理教师现场微课视频制作比赛二等奖；②2021年3月，论文《地理教学中的美育策略》参与中国人生科学学会美育研究会论文评审获一等奖；③2021年8月，教学设计"农业区位选择"参与2021年全国中小学地理教研成果评比活动获二等奖；④2022年3月，论文《地理情境教学策略》参与2021年广东省地理论文评选活动获二等奖；⑤2022年11月，指导林禹琪、黄宏漫老师获揭阳市微格教学比赛一等奖；⑥2023年4月，获揭阳市第三届高中地理青年教师解题比赛二等奖；⑦2023年5月，被评审认定为揭阳市第二批中小学骨干教师；⑧2023年9月，指导林梓枫老师获揭阳市高中地理学科青年教学能力初赛一等奖。

基地成员洪佳：①2021年1月，获揭阳市地理教师现场微课视频制作比赛一等奖；②2021年7月，在2021年揭阳市高中地理教师命题比赛（第二阶段）暨青年教师命题培训活动中开设题为"善用绘图软件，命制优质试题——高中地理试题命制的方法与技巧探讨"的讲座；③2021年8月，教学设计"城镇化"在2021年全国中学地理教研成果评比活动中获二等奖；④2021年8月，教学设计"海水的性质"在2021年全国中学地理教研成果评比活动中获三等奖；⑤2021年9月，获榕城区第五届杏坛百花奖表彰奖一等奖；⑥2021年12月，被认定为揭阳市首批中小学骨干教师；⑦2021年12月，论文《地理学科核心素养背景下高中学生空间思维能力的掌握情况及培养策略》在2021年榕城区中学地理教师教学论文交流评比活动中获一等奖；⑧2022年3月，论文《基于地理学科核心素养背景下高中学生空间思维能力的掌握情况及培养策略》在2021年广东省中学地理教师教学论文评选活动中获三等奖；⑨2022年8月，在2022年揭阳市高中地理教师命题比赛（第二阶段）暨青年教师命题培训活动中开设题为"利用情境课堂，融合命题思想——高中地理命题方式与情境课堂创设的融合探讨"的讲座；⑩2022年10月，获揭阳市高中地理微课视频制作一等奖；⑪2022年12月，论文《"一境到底"情境式专题复习教学设计探讨——以"乌克兰农业区位因素分析"为例》在2022年广东省中学地理论文评选活动中获二等奖；⑫2023年3月，课例"地理环境的整体性"在2023年广东省基础教育（揭阳）高中地理学科教研基地第一次研修暨送教下乡活动中展示；⑬2023年5月，被认定为揭阳市第二批中小学学科带头人；⑭2023年6月，在2023年揭阳市中学地理教师命题比赛培训会活动中开设题为"中学地理试题命制方法与技巧研讨"的讲座；⑮2023年7月，在2023年广东省高中地理研学实践成果交流比赛展示活动中获二等奖；⑯2023年9月，获榕城区第五届杏坛百花奖表彰奖二等奖。

基地教师许裕婉：①2021年12月，被认定为揭阳市首批中小学骨干教师；②2022年2月，获2021年全国中学地理原创试题设计大赛特等奖，文章《大同土林试题设计》在《中学地理教学参考》发表；③2022年3月，在2021年广东省中学地理论文评选活动中，论文《基于地理学科核心素养的"一境到底"专题复习》获省二等奖；④2022年4月，在河婆中学开设主题为"'一境到底'突破二轮复习——以工业微专题为例"的讲座；⑤2022年8月，辅导青年教师在2022年全国中学地理原创试题设计大赛获一等奖，被评为"优秀指导老师"；⑥2022年12月，在2022年粤东基础教育地理学科群"名师工作坊"开设主题为"'一境到底'的情境式复习策略——以工业微专题为例"的讲座；⑦2023年3月，获得第五届广东省高中地理教师命题大赛三等奖；⑧2023年5月，被认定为揭阳市第二批中小学学科带头人。

基地教师陈焕敏：①2021年7月5日，参加2021年揭阳市高中地理教师命题比赛获二等奖；②2021年11月，参加2021年广东省中小学实验教学说课活动获二等奖；③2022年3月21日，参加2021年广东省中学地理论文评选活动获三等奖；④2022年7月20日，参加2022年揭阳市高中地理教师命题比赛获三等奖；⑤2022年10月10日，参加2022年揭阳市高中地理微课视频评选活动获三等奖；⑥2022年12月31日，参加2022年广东省中学地理教学设计评选活动获一等奖；⑦2023年4月15日，参加揭阳市第三届高中地理青年教师解题比赛获二等奖；⑧2023年5月31日，参加2023年全国优秀地理教研成果评比活动获二等奖；⑨2023年7月12日，参加2023年广东省高中地理研学实践成果交流展示活动获二等奖；⑩2023年9月21日，参加2023年揭阳市中学地理教师命题比赛高中组获二等奖。

基地成员刘晓虹：①2021年5月，在揭阳市第二届高中地理青年教师解题比赛中获一等奖；②2021年7月，在2021年揭阳市高中地理教师命题比赛中获一等奖；③2021年7月，在2021年揭阳市高中地理教师现场命题比赛中获二等奖；④2021年9月，在第三届广东省中小学青年教师教学能力大赛揭阳市高中地理学科初赛（第一阶段）选拔赛中获一等奖；⑤2021年9月，在第三届广东省中小学青年教师教学能力大赛揭阳市高中地理学科初赛（第二阶段）现场比赛中获一等奖；⑥2022年2月，在2021年年度考核中被确定为"优秀"；⑦2022年3月，教学设计"碳排放及减排的国际合作"在2021年广东省中学地理教学设计评选活动中获三等奖；⑧2022年5月，在第一届揭阳市高中生"地理大阅读"科普征文比赛中被评为"优秀指导老师"；⑨2022年7月，命制试题"气候变化与气象灾害和人类活动"在2022年揭阳市高中地理教师命题比赛活动中获二等奖；⑩2022年10月，微课作品"雾的形成"在2022年揭阳市高中地理微课视频评选活动中获三等奖；⑪2022年12月，教学设计"常见天气现象分析——以阿塔卡马沙漠海雾为例"在2022年广东省中学地理教学设计评选活动中获二等奖；⑫2023年5月，评审认定为揭阳市第二批中小学骨干教师；⑬2023年8月，在汕头市与揭阳市2023年"核心素养导向的高中地理课堂教学与学业质量评价"联合研修活动中主讲课例"陆地水体及其相互关系"；⑭2023年9月，被评选为2023年揭阳市教育系统优秀教师。

基地成员林梓枫：①2021年7月，获2021年榕城区高中地理教师命题比赛二等奖；②2021年7月，获2021年揭阳市高中地理教师命题比赛二等奖；③2021年8月，获《中学地理教学参考》编辑部举办的2021年全国中学地理教研成果评比活动三等奖；④2021年12月，获2022年榕城区中学地理教学设计评选活动二等奖；⑤2022年9月，在揭阳市榕城区2022年高中地理学科教研会议上进行广东省教育科学"十三五"规划2020年度立项课题"基于地理学科核心素养培养的高中地理情境教学实践研究"成果交流——优秀情境教学课例展示；⑥2022年10月，获2022年揭阳市高中地理微课视频评选活动一等奖；⑦2022年11月，获2022年榕城区微格课教学设计评选活动一等奖；⑧2022年11月，获2022年揭阳市高中地理高效课堂微格课教学评选活动获二等奖；⑨2022年12月，获2022年广东省中学地理教学设计评选活动二等奖；⑩2023年1月，微课作品被评选为2022年广东省省级基础教育精品课；⑪2023年2月，在广东省基础教育（揭阳）地理学科教研基地学校高三二轮复习研讨活动中，进行微专题课例展示；⑫2023年4月，获揭阳市第三届中学地理青年教师解题比赛一等奖；⑬2023年4月，所带班级在2022—2023年度被评为"榕城区先进班集体"；⑭2023年7月，获2022揭阳市基础教育精品课遴选活动高中组一等奖；⑮2023年9月，获榕城区杏坛百花奖表彰奖；⑯2023年9月，获第四届广东省中小学年青年教师能力大赛揭阳市高中地理学科初赛（选拔赛）一等奖；⑰2023年9月，获第四届广东省中小学年青年教师能力大赛揭阳市高中地理学科初赛（现场赛）一等奖。

基地成员胡奕冰：①2021年1月，获2020年揭阳市地理教师现场微课视频制作比赛一等奖；②2021年1月，获第四届广东省中学地理微课制作交流展示活动一等奖；③2021年7月，获2021年揭阳市高中地理教师现场命题比赛一等奖；④2021年11月，获第五届广东省中学地理教师现场命题比赛（高中组）三等奖；⑤2022年12月，论文《基于地理学科核心素养的情境教学在课堂中的运用——以"区域发展对交通运输布局的影响"为例》在2022年广东省中学地理论文评选活动中获三等奖。

基地成员姚莲君：①2021年7月，获2021年揭阳市高中地理教师命题比赛二等奖；②2022年5月，指导多名学生在第一届揭阳市高中生"地理大阅读"

科普征文比赛中获得一、三等奖，本人获得"优秀指导老师"称号；③2023年4月，获揭阳市第三届中学地理青年教师解题比赛二等奖；④2023年5月，指导多名学生在第二届揭阳市高中生"地理大阅读"科普征文比赛中获得二、三等奖。

路漫漫其修远兮，吾将上下而求索。近3年来，广东省基础教育（揭阳）高中地理学科教研基地秉承"学中做，做中学"的原则，努力克服困难进行基地项目建设，以"苔花如米小，也学牡丹开"的姿态向先进地区学习先进的教学理念和教学方式，不断探索，勇于实践，为教师的专业发展"搭平台、给机会、促成长"，愿以星星之火，造燎原之势，引领揭阳地理教研走向更广阔的未来……

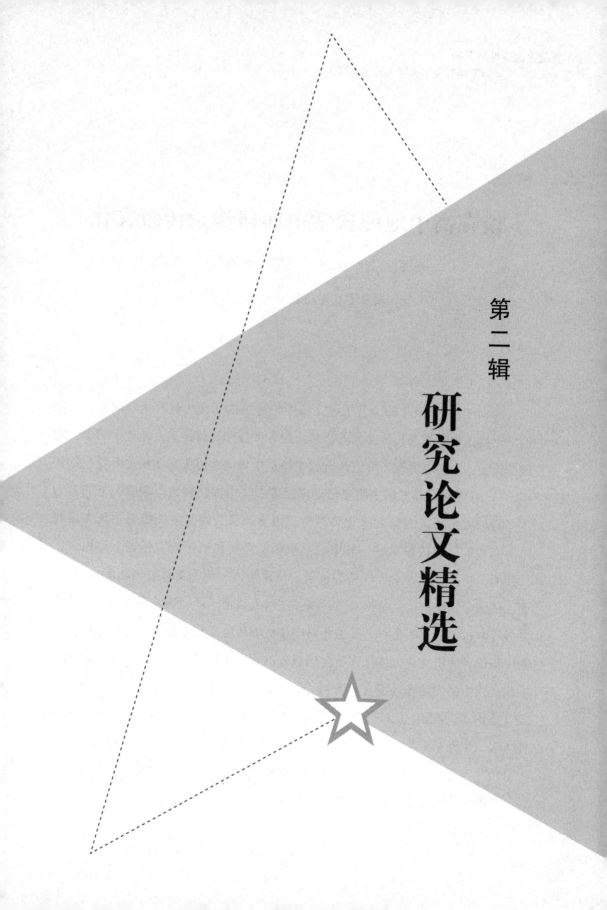

第二辑

研究论文精选

谈在高中地理教学中如何渗透传统文化

——以"地域文化与城乡景观"为例

揭阳市教育局教研室　吴洁芬

2014年3月，教育部印发了《完善中华优秀传统文化教育指导纲要》，明确指出将把中华优秀传统文化教育系统融入课程和教材体系，地理、数学、物理、化学、生物等课程，都应结合教学渗透中华优秀传统文化相关内容。2016年2月，时任教育部考试中心主任姜钢发表在《中国高科教育杂志》上的名为"坚持以立德树人为核心深化高考考试内容改革"的文章，梳理了高考命题"一点四面"的改革主题，其中"一点"就是要在高考当中体现立德树人，"四面"指要在高考中体现核心价值、依法治国、传统文化、创新能力4个方面。试题命制注重"立德树人"，既关注对人口观、环境观、资源观、可持续发展等学科价值观的考查，又关注对中华优秀传统文化的渗透，通过弘扬和考查中华优秀传统文化，体现高考为国选才的重大使命。中国传统文化的形成与中华民族生活的地理环境有着密切的关系，高中地理学科涵盖大量中华优秀传统文化内容，在高中地理教学中渗透相关内容，正是对上述要求的呼应和具体体现，也是培养学生地理学科核心素养的一个途径。本文以"地域文化与城乡景观"一课为例，简要介绍在地理教学中实施中华优秀传统文化教育的可行性，并提出传统文化在高中地理教学中的渗透策略。

一、在地理教学中渗透优秀传统文化的可行性

传统文化是人类文明汇集成的一种反映民族特质和风貌的文化，是民族历史上各种思想文化、观念形态的总体表征。地理环境是人类赖以生存和发展的物质基础，对于人类的物质文明和精神文明的产生和走向具有重要意义，特别是在科学技术和生产力不发达的古代，这种影响更加明显。中华民族繁衍生息的这片土地，其独特的地理环境孕育了灿烂的中华传统文化。地理学科蕴含的传统文化内涵丰富，包括古代传统农业、中国传统民居、古诗词谚语国画、传统服饰、传统民俗节日、传统饮食、古代科技（工业、建筑、交通）等，还包括以儒家文化和道家文化为核心的古代哲学思想。儒家文化在高中地理教学中的体现主要有"和合思想""天人合一""仁爱""爱国主义"，道家文化主要有"道法自然""上善若水"等。这些优秀传统文化在地理学科中多显性分布在人文地理学的相关知识点中，如文化地理、聚落地理、旅游地理和农业地理等，具有明显的地域性、地理性，例如，物质文化层面的中国古代耕作文化、南北方古民居和园林的不同文化特色、我国的物质文化遗产、名胜古迹等；精神文化层面的宗教文化、风俗民情等。由此看来，地理学科涵盖了大量的中国传统文化知识内容，在地理教学中渗透中华优秀传统文化是现实、可行的。

新修订的课标，从3个维度提出地理学科核心素养的4个要素：人地观念（地理基本价值观念）、综合思维和区域认知（地理基本思想和方法）及地理实践力（基本活动经验）。古代哲学思想对于今天的地理教学依然有很强的指导性，如古代劳动人民"因地制宜、天人合一"的智慧与地理学科核心素养之一的人地协调观一脉相承。中华优秀传统文化对于高中生的人生观和价值观教育发挥着不可替代的作用。为了弘扬中华优秀传统文化，提升考生的人文地理素养，近年来高考地理直接以中华优秀传统文化为背景材料的试题出现频率较高，这就要求我们把中华优秀传统思想和文化融入课堂教学中，丰富地理课堂，根植传统文化，培育地理学科核心素养，在地理课堂教学中渗透传统文化，同时体现地理学科的育人价值和导向功能。

二、地理教学中传统文化的渗透策略

要在地理课堂教学中渗透优秀传统文化，就要加强传统文化的研究，找到和地理知识相关的传统思想文化和事物，找到传统文化和地理知识之间的契合点。例如，要渗透二十四节气这个传统文化，我们就要研究二十四节气中蕴含的地理知识，分析在地理教材中哪个章节涉及该知识，如何进行传统文化和地理知识的融合，同时深入挖掘地理教材的内容，在适宜的知识点中引入和渗透二十四节气的相关内容。

下面以"地域文化与城乡景观"一课为例，说明如何从素材选择、情境创设、问题设计、课外拓展方面向学生渗透传统文化。

（一）素材选择

"地域文化与城乡景观"这一课将传统文化与地理知识融会贯通，是地理教学中渗透传统文化的主要章节。地域文化是指生态、民俗、传统、习惯等在一定地域范围内与环境相融合而形成的源远流长、独具特色、传承至今仍发挥作用的物质和精神财富，因而打上了地域的烙印。地域文化可以是物质的，如建筑、服饰、艺术作品等，也可以是精神的，如价值观、生活习惯、制度等。地域文化中的"地域"，是文化形成的地理背景，其范围可大可小；地域文化中的"文化"，可以是单要素的，也可以是多要素的。地域文化的形成是一个长期的过程，地域文化是不断发展变化的，但在一定阶段具有相对的稳定性。城乡景观分为乡村景观和城市建筑景观，乡村景观随原始农业而出现，也称农业文化景观，包括文化、经济、社会、人口、自然等诸因素在乡村地区的反映，是乡村范围内相互依存的人文、社会、经济现象的地域单元；城市建筑景观作为一种聚落景观，是人类文化的体现，不同地域的文化、宗教和社会观念的不同，导致城市建筑景观有明显的差异。

中国地大物博、幅员辽阔、地理环境差异大，中华上下五千年，历史悠久，文化深厚，"地域文化与城乡景观"可供选择的素材和案例很多，如茶马古道、哈尼梯田、北京四合院、客家土楼、潮州骑楼等。

本课选取云南南部红河哈尼梯田作为乡村景观案例，从经典的教材案例中分析哈尼梯田体现出来的地域文化。哈尼梯田是以哈尼族为主的各族人民利用当地"一山有四季，十里不同天"的地理气候条件创造的农耕文明奇观，具有典型性和可探究性。同时，选取潮州市区骑楼景观作为城市景观案例。现代意义上的骑楼最早起源于印度的贝尼亚普库尔（Beniapukur），是英国殖民者首先建造的，也称为"廊房"。这种欧陆建筑风格与东南亚地域特点相结合的建筑可以挡避风雨侵袭，挡避太阳照射，营造凉爽环境，因此风靡东南亚，随后传入我国华南地区。骑楼是我国福建、广东、海南、广西等沿海侨乡特有的南洋风情建筑，都是当年华侨从东南亚返乡所建。本课旨在带领学生从具体化、生活化的乡土情境案例中认识地域文化在城乡景观中的体现，进而培养家国情怀，进一步深化文化影响城乡发展这一认识，正确认识人地关系，从而正确认识传统民居和现代城市发展的关系。

（二）情境创设

几乎所有的教学活动都要在一定的教学情境中进行，离开了教学情境，也就难以进行教学，因而在课堂教学中，教师选择合适的教学情境，有利于学生对知识的认识、理解和掌握。情境的创设除了从教学的知识、培养的能力出发，还应该考虑学生的知识储备和能力水平。学生在初中阶段学习了区域文化的相关内容，对于各地建筑文化、饮食文化等有一定的知识基础，对于乡土文化——潮汕文化有较多的了解，对于潮州牌坊街也有所耳闻，但更多是停留在表面的了解而没有进行深层次的探究。高一学生总体较为活泼，思维活跃，好胜心较强，乐于发言，对于文化地理学相关内容感兴趣。基于此，本课模仿央视节目《绿水青山看中国》，通过竞赛组织完整的情境，从远到近、从浅到深、从面到点，让学生在教学情境中观察不同时空、不同尺度的城乡景观，感受不同的地域文化，理解地域文化的概念，进而思考、探索地域文化在具体案例中城乡景观的体现，从而培养学生的综合思维。

首先，"一叶知秋，发现文化"，让学生从内蒙古特色舞蹈、潮汕"出花园"民俗、潮语歌谣、福建土楼及云南特色美食中发现地域文化，归纳出地域文化的基本概念，让学生在情境中参与知识的生成过程；其次，"行走中国，感悟文化"，从四合院、徽派建筑、陕北窑洞到云雾景观，空间的变换，景观的差异，让学生感受不同的地域文化，通过自然景观和人文景观的对比，总结出自然景观往往较难体现地域文化这一特点；然后，"海阔鱼跃，解读文化"，通过文字材料和图片将学生带到哈尼梯田、潮州骑楼这两处具有代表性的城乡景观中，通过小组合作探究的形式解读其中蕴含的地域文化，感悟中华源远流长、博大精深的传统文化；最后，"总结归纳，传承文化"，由远到近，让学生寻找身边的一处景观，进行简单介绍并从地理的角度说明其蕴含的地域文化。整节课从发现文化，在文化元素中学习地域文化的概念，到感悟文化，从文化景观中感受文化差异，再到解读文化，领悟人地共生、人地和谐的理念。

（三）问题设计

在《普通高中地理课程标准（2017年版2020年修订）》的实施建议中，要求在教学过程中促进学生主动和富有个性地学习，勇于从不同角度提出地理问题，掌握学习解决地理问题的一些基本方法；要通过营造浓厚的问题情境氛围，养成学生强烈的问题意识，激发学生探究和解决问题的兴趣，挖掘学生的潜能，培养学生的求异、创新思维；小组合作探究创设的问题要有诱导性、开放性、启发性、提示性、序列性，能促使学生紧紧围绕某个主题，逐步深入开展探究活动，促使深度学习的发生。

本节课的第3部分，小组合作探究围绕两个主题创设了两个题组。第一题组围绕"哈尼梯田"设计的问题如下。①从材料中，找出体现红河哈尼梯田作为地域文化的描述。②梯田基本功能是什么？属于自然还是人文景观？③村庄位于哪个位置？这样布局的优点是什么？④这些地域文化是否可以代际传承、在不同地方传播？这样做的目的在于通过小组合作探究分析哈尼梯田蕴含的地域文化，在具体的案例中分析地域文化在乡村景观中的体现。

第二题组围绕"潮州骑楼"设计的问题如下。①骑楼的基本功能是什么？

②骑楼形成的自然因素和人文因素有哪些？③骑楼体现出来的地域文化是什么？这样做的目的在于通过小组合作探究，分析乡土案例——骑楼蕴含的地域文化，运用已有的知识分析地域文化在城市景观中的体现，在实际运用中提高对地域文化在城乡景观上的体现这一知识点的理解，做到学以致用。

（四）课外拓展

课后探究活动是优秀传统文化的有效延伸，担负着传承文化的重任。本节课的最后部分是课后探究，这也是本节课的一个亮点。要求学生在身边寻找一处景观，运用已学知识，分析乡土景观中蕴含的地域文化，在实际运用中提高对地域文化概念、地域文化在城乡景观的体现等相关知识的深入理解，实现知识迁移；同时，实地考察乡土景观，分析其中蕴含的地域文化，培养地理实践力的同时了解家乡，热爱家乡，传承乡土文化，培养家国情怀。

三、结语

传统文化博大精深，教师需不断学习地理专业知识技能和传统文化知识，提升自身的专业水平和文化素养，把传统文化精髓渗透到中学地理教学中，促进学生的全面发展，实现地理学科育人价值。但传统文化的渗透仅仅是高中地理教学的一个方面，要根据地理教学的需要，根据实事求是的原则仔细甄别，取其精华，去除糟粕，适时适度地进行。

参考文献：

［1］朱贵秋. 中华优秀传统文化在中学地理教学中的渗透策略研究［D］. 长沙：湖南师范大学，2016.

［2］汤国荣. 论地理学科核心素养的内涵与构成［J］. 课程·教材·教法，2015，35（11）：119-122.

（此文获 2021 年广东省中学地理论文评选活动一等奖）

浅谈建构主义指导下的问题式教学

——以"地域文化与城乡景观"为例

揭阳第一中学榕江新城学校　倪婉玲

一、核心概念界定

建构主义认为，学习不是教师向学生传递知识的过程，而是学生建构自己的知识的过程；学习者不是被动的信息接收者，而是主动的信息建构者——学习者综合、重组、转换、改造头脑中已有的知识经验，来解释新信息、新事物、新现象，或者解决新问题，最终生成个人的意义。为了使学习者生成和构建自己的知识结构，学习应该和问题情境结合起来，即创设教学情境，抛出某个具有研究价值的问题，使学习者进入推理判断、理解问题和解决问题的情境中去。

"问题式教学"是教师围绕着要学习的知识创设认知环境，即教学情境，引导学生积极主动学习，自主探究，引导学生完成对所学知识的意义建构，构建自己的知识结构，最终形成地理学科核心素养的教学方式。地理问题教学以贴近学生知识水平、生活实际和社会现实的教学情境为基础，以学生自主探究为方法手段，以生成建构属于学生自己的知识与经验为目的，让学生体验知识的形成过程，获得关键能力和必备品质，提高学科核心素养，学以致用，实现有意义的学习。

二、问题的提出

（一）当前地理教学存在的问题是该模式提出的背景

传统教学模式是以教师为中心的教学模式。教师围绕教材，向学生"满堂灌"，学生机械地听和记，教师把知识"告诉"学生，学生被动地接受知识。随着新课程改革的推进，传统教学模式受到越来越多的冲击，面临着变革。新课程改革强调以学生为中心，注重过程性学习，重视关键知识和必备能力，以及学生地理学科核心素养的培养。新课程改革的背景下，教师应该如何革新教学方法，是一个值得深思的问题。

问题是驱动学生学习的动力，学生在问题的驱动下主动探究和思考问题，其主动性得以体现。问题式教学以问题为线索，以创设问题情境为开端，围绕问题的解决促进学生核心素养的发展。其中创设问题情境尤为关键，教师应善于从生活、新闻热点中创设真实的、可探究的、贯穿教学全过程的情境，以具体区域作为载体，从区域视角看问题。问题式教学围绕"问题解决"展开，在解决问题的教学过程中，教师引导学生运用地理的思维方式，构建与"地理"相关的知识结构，并由表及里、层次清晰地分析问题，最终形成自己的观点看法，是符合新课程改革理念、有助于培养学生地理学科核心素养的教学方法。

（二）高中生心理特点是该模式提出的前提

高中阶段的学生，总体来说，在感知和观察方面更富有目的性、系统性、全面性和深刻性；在记忆方面，机械记忆仍在运作，但理解记忆的运用越来越多；在想象力方面，已经能够围绕中心问题进行连贯的构思。高中生的感觉、直觉灵敏度、记忆力、思维能力不断增强，逻辑抽象思维能力逐步占主导地位，他们开始以批判的眼光来看待周围的事物，有独到见解，喜欢质疑和争论，乐于思考，善于从生活中、书本上发现问题并向老师、同学提出疑问。同时，高中生的抽象思维得以进一步发展，可以从一般性的生活经验出发进行归纳总结，也可以从抽象的材料中推导演绎，形成新的知识。另外，高中生意志发展迅速，他们遇到困难时，往往善于独立思考，会想办法克服困难，表现出良好的主动性。

（三）课程改革为该模式的提出和实施提供良好契机

地理课程旨在培养学生地理学科核心素养：包括人地协调观、综合思维、区域认知、地理实践力等，引导学生运用地理的视角认识和欣赏自然与人文环境，提高生活品位和精神境界，为培养有见识、有胸怀、有责任感、有行动力的公民奠定基础。为了培养学生的地理学科核心素养，教师应该以学生为中心，采取积极有效的教学方法。2017年颁布的《普通高中地理课程标准（修订稿）》明确指出，高中地理教学"在继承传统教学优点的基础上，尝试更多地运用问题式教学、实践教学、信息技术支持下的教学等"。学生地理学科核心素养的培养，是通过地理教师与学生互动的地理教学过程来实现的，问题式教学这种教学方式强调以问题组为核心，以情境为背景，教师将知识问题化，引导学生运用所学知识发现、解决地理问题，构建知识结构，形成正确价值观念、必备品格及关键能力，培养学生地理学科核心素养。

（四）地理学科自身学科特点提供了发展空间

地理学是一门探索地球与人类社会之间关系的学科，具有综合性、实践性、思维性、社会性，而地理学科教学知识是对地理教学中特定地理学科知识元素的提取，是对地理学科教学机制的有效演绎与揭示，是地理学思想、观念及内在逻辑对地理教学的指向性要求的具体化，是地理教学须遵循的"技术路线"和"操作要领"。正因为地理学科本身具有这些特点，问题式教学的实施才有了发展空间。

地理问题的提出往往以具体区域作为载体，以区域视角看问题，试图全面、系统、动态地认识、理解和分析地理环境及其与人类的活动的关系。地理问题的发现、分析和解决、运用，都渗透着学生思维的发展。教师创设问题情境，引导学生发现问题、分析问题、解决问题，让学生在解决问题的过程中构建知识结构，在教学活动中形成自己的知识体系，提高综合思维，树立人地协调观，培养地理学科核心素养。

（五）国内外相关研究为该模式提供理论指导

国内外专家学者对于建构主义及问题式教学做了大量的研究，发表了大量的研究成果。知识具有建构性，是对外部客观世界的被动反映，有关世界的知识是可靠的，因此，教学的目的就是使学生获得这样的现实印象。知识具有情境性，教学不是简单的知识传递的过程，而是一个知识建构的过程，是教师创设一定的条件、环境，引导学生主动探索，学生在教学活动教学情境中生成知识的过程。地理学科的学习，有些是以教材中的理性知识为起点，不断向后续直观经验进行扩散的。在这一过程中，教师所要做的是将这些理性知识按照学生当前的认知结构水平进行形象化的加工整理（影视、图片、动画等），为学生创设获得经验的情境，并结合他人的一些间接性的经验，帮助学生建构知识体系。因此本文以建构主义为指导思想，采用问题教学法指导实际教学。

三、选题的意义

教师在教学过程中有目的地创设问题，能够帮助学生进行有效思维，从而发现和提出问题，使学生在真实问题的实践中获得知识，在理性的思维，感性的情感、态度和体验中和其他学习者共同建构知识，培养学科核心素养。本文以"地域文化与城乡景观"为案例，创设问题情境，把相关知识问题化，设置问题组，从土地利用方式、祭祀活动、社会制度等角度解读哈尼梯田背后的地域文化，促进学生学习、理解、建构学科知识，树立人地协调观，培养地理学科核心素养。

以建构主义为指导的问题式教学有助于提高教学有效性和课堂教学效益。这里所说的课堂教学效益不仅指传统意义上的知识的获得，还包括学习者在学习过程中能力的提升，理念的更新等，具体到地理教学中，即提高学生的地理学科核心素养。问题式教学以问题为学生创设有效的学习环境，提高学生学习地理的心理效应，激发学生的学习兴趣，提高学生的学习主动性；另外，通过设置问题组，引导学生进行探究学习，让学生在分析解决问题的同时获得成就感，进一步推动地理学习。教师在教学过程中应充分利用学生已有的生活和学习经验，创设问题情境，引导学生发现问题，在问题解决中获得知识，并把获得的知识整合于自己原有的知识体系与认知结构中。这也有助于改变学生死记硬背、生搬硬套的机械式学习方式，符合新课程改革的要求。教育部颁布的《基础教育课程改革纲要（试行）》中指出："改变课程实施过于强调接受学习、死记硬背、机械训练的现状，强调学生主动参与、乐于探究、勤于动手，培养学生搜集和处理信息的能力、获取新知识的能力、分析和解决问题的能力以及交流与合作的能力。"因此，以建构主义为指导的问题式教学有助于推动新课程改革，培养学生发现与探究的能力，让他们更好地建构知识、能力、核心素养，最终形成地理学科核心素养。

四、案例"自然界的水循环"教学设计

《航拍中国》节目组准备到云南省拍摄纪录片，介绍世界文化遗产——哈尼梯田。文化景观类型的世界遗产，不仅包括外在的、有形的物质要素，还包括蕴含内在的、无形的文化内涵，因此编导小方先行到当地进行实地走访，解读梯田景观蕴含的地域文化。

小方来到红河县宝华乡，被眼前的景观震撼，只见山坡上层层叠叠几千级梯田，梯田间静如玻璃一般的水面倒映着天光与云影，仿佛大地的调色盘。咦，梯田里这么多的灌溉用水到底从哪儿来？

探究1：梯田的灌溉用水从哪儿来？（运用水循环相关知识绘图说明）

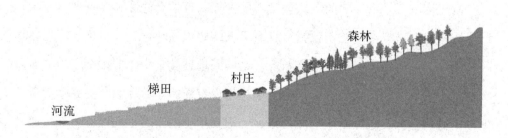

设计意图：创设真实具体的情境，引起学生一定的态度体验，激发起学生的学习热情，促使学生在情境中发现问题、探究问题和解决问题。

小方注意到一个奇怪现象：注入梯田的沟渠入水口大小不一，有的入水口大，有的入水口小。正在小方百思不得其解之时，遇到了"沟长"，"沟长"介绍说这是哈尼族独特的"刻木分水"制度。

视频材料："沟长"介绍"刻木分水"制度片段。

探究2："刻木分水"制度体现了什么样的地域文化？该制度沿用至今说明了什么？

设计意图：引导学生了解"刻木分水"制度，让他们理解当地"以和为贵"的文化观念，刺激学习过程中的感性因素，使得学生更容易理解知识；同时，提高课堂"温度"，提高课堂的感染力和号召力，落实学科育人价值。

"沟长"带着小方，参观哈尼族祭竜节。征得村民的同意，小方录制了相关视频。

视频材料：哈尼族祭竜节片段。

在祭祀中，村民唱着歌谣："寨子栽上了树木，寨神心里老实欢喜了，天天守在寨子里，寨子像大象筋拉着一样稳扎，寨子像大象皮箍的一样牢固，寨子的房子不会歪倒了，寨脚的陡坡不会坍塌了。"这引起了小方思考：森林起到什么作用？祭祀寨神林体现了什么地域文化？

探究3：森林起到什么作用？祭祀寨神林体现了什么地域文化？

设计意图：围绕核心主题——地域文化设置问题，以问题为导向，给学生留出足够的思考空间，进行更深入的探究，有助于提高课堂的深度，引导学生在祭祀活动中解读地域文化，感受人地和谐之美，形成人地协调观。

还有另一首歌谣同样引起了小方的注意："上头的山包做枕头，下头的山包做歇脚，两边的山包做扶手，寨子就睡在正中央。神山神树样样不缺，寨房秋房样样恰当。"如果将村寨建在山脚，是否可行？

探究4：如果将村寨建在山脚，是否可行？

（分析比较村寨建在山脚及山腰两种做法的优缺点）

设计意图：运用地理学科独特视角看歌谣，探究、分析、解决歌谣里面蕴藏的问题，有利于形成真正意义上的学科素养。

小结归纳：走访结束了，小方整理今天的所见所闻，请大家帮忙撰写关于哈尼梯田的解说词。

设计意图：帮助学生在头脑中将知识形成经纬交织、融会贯通的知识网络，有助于学生梳理相关知识，理解知识之间的逻辑，使得所学知识结构化，促进学科知识向学科素养转化。

课后研究：在揭阳市内寻找一处景观，做简单介绍，并从地理的角度说明其中蕴含的地域文化。

五、小结

学习既是个体性建构意义的心理过程，又是社会性、实践性的参与过程。有意义的学习是有意图的、复杂的，是处于它所发生的情境脉络之中的。整节课把认知结构的建构发展和具体的问题情境相结合，通过创设对知识学习有用的情境，引导学生发现问题、分析问题、解决问题，层层递进，环环相扣，引导学生构建知识框架，形成自己的知识体系，并运用已学知识原理解决新问题，最终实现知识迁移。

学生是学习的主体，知识与经验都是由学生亲自参与发现而获得的。由学生自己获得、改造、整合知识，形成自己的知识体系，体验学科之美，可以培养他们对学科的热爱和崇拜，一方面使得学生学习的主体性和主动性大大增强，学习兴趣大大提高；另一方面符合学生心理发展、思维发展规律，提高地理教学的有效性，同时也大幅度地提高了学生的发现与探究能力，有助于培养学生的核心素养。

参考文献：

［1］莫雷.教育心理学［M］.北京：教育科学出版社，2007.

［2］张素娟，李文鹏.核心素养导向下中学地理问题式教学的关键［J］.中学地理教学参考，2019（9）：31–33.

［3］拉尔夫·泰勒.课程与教学的基本原理［M］.施良方，译.北京：人民教育出版社，1994.

［4］陆余平.化学"情境—发现—建构"教学模式的实验研究［D］.桂林：广西师范大学，2006.

［5］中华人民共和国教育部.《普通高中地理课程标准（修订版）》［S］.北京：人民教育出版社，2017.

［6］曾桢.基于地理学科核心素养的高中乡土地理选修教材设计［J］.中学地理教学参考，2018（4）：25–27.

［7］约翰·D·布兰思福特，安·L·布朗，罗德尼·R·科金，等.人是如何学习的：大脑、心理、经验及学校（扩展版）［M］.程可拉，孙亚玲，王旭卿，译.上海：华东师范大学出版社，2013.

［8］焦秋生.地理学习的理论与方法——认知心理学研究的视角［M］.北京：北京师范大学出版社，2016.

［9］戴维·H.乔纳森，苏珊·M·兰德.学习环境的理论基础［M］.郑太年，任友群，译.上海：华东师范大学出版社，2002.

（此文获2021年广东省中学地理论文评选活动二等奖）

基于地理学科核心素养的"一境到底"专题复习

——以"工业"专题为例

揭阳第一中学　许裕婉

一、问题思考

以往的高三复习都按照一轮、二轮、三轮甚至四轮的轮番复习方式进行，把高中地理的必修和选修内容按照课本顺序讲解及梳理，辅以典型例题点拨技巧，后再靠题目训练进行知识巩固强化。教学实践证明此类复习方式具有极大的弊端：复习内容重复累赘、知识系统性不强；学生课堂上只听多记少思，课后疲于应付题海，考点背得很熟，一旦遇到新情境极容易"一看就会，一做就废"。

《普通高中地理课程标准（2017年版）》重点强调了地理学科核心素养包括区域认知、综合思维、人地协调观和地理实践力，在此基础上，还指出了"（试题）要高度重视复杂、开放性真实问题情境的创设"。纵观近几年高考的全国卷及2021年广东卷，都是以某一情境为背景材料的，学生获取和解读材料中的地理信息，对问题进行综合分析，以此考查学生的综合思维、地理实践力或人地协调观。传统的高三轮番复习方式已经无法适应新的高考试题模式，什么样的高三复习模式才能更好地适应新的高考试题模式呢？笔者提出基于地理学科核心素养的"一境到底"情境式专题复习，本文将以"工业"微专题为例进行叙述。

二、基于地理学科核心素养的专题复习知识网络确定

基于地理学科核心素养的复习课主要围绕"复习什么""怎么复习"两个问题进行，而"复习什么""怎么复习"应该在符合课标的基础上结合学情和考情制定。针对"工业"专题的复习，笔者整理了近3年的全国卷及2021年广东卷的相关考查内容，具体情况如下。

考点	真题示例	题型	分值	划分依据	
				情境/已知材料/限定条件	设问要求
工业区位选择	2021年广东卷第4题	选择题	4	无人机的应用推广	无人机公司欧洲总部选址基本不考虑的因素。
	2021年广东卷第18（2）题	综合题	8	嘉—昆—太地区汽车产业	分析嘉—昆—太地区汽车产业快速发展的独特区位条件。
	2021年全国甲卷高考真题第1～3题	选择题	12	医用注射剂瓶的生产布局	（1）在中国建生产厂（宏观）。（2）在丽水建生产厂（微观）。（3）该公司在山间小镇建生产厂的作用。
	2020年新课标全国卷Ⅱ第36（1）～（2）题	综合题	14	玉米油企业的生产和布局	（1）简述惠民、铁岭、通辽、鄂尔多斯等地吸引该公司建设毛油压榨工厂的优势条件。（2）分析该公司在杭州、广州建设精炼油和小包装产品生产基地的主要原因。
	2019年全国Ⅰ卷第36题	综合题	20	澳大利亚汽车产业的发展历程	（1）工厂布局在东南沿海地区的有利条件（宏观）。（2）分析车辆需求较少的原因（微观）。（3）简述汽车生产成本居高不下的原因（微观）。
	2019年全国Ⅲ卷第36题（2）～（4）题	综合题	18	德国鲁尔区（传统工业区）的振兴	（1）分析鲁尔区医疗保健业发达的原因。（2）说明在波鸿市建设医疗保健中心优势条件。（3）指出波鸿市保健园选址的合理性。

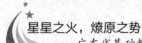
续 表

考点	真题示例	题型	分值	划分依据	
				情境/已知材料/限定条件	设问要求
工业对区域发展的影响	2019年全国I卷第36（4）题	综合题	4	限定经济影响	指出汽车生产的退出对当地城市经济发展的影响。
工业转移	2021年广东卷第18（3）题	综合题	8	限定产业协同角度	提出嘉—昆—太地区汽车产业发展的合理化建议。

结合2019—2021年全国卷及广东卷对于"工业"知识点的考查情况，可知这几年高考对工业相关知识的考查频率较高；常见题型是选择题或综合题；题目大多数为小切口问题和不良结构问题；考查内容重点围绕"工业区位选择""工业转移""工业对区域发展的影响"3个部分，其中"工业区位选择"考查频次最高。

在此基础上，笔者重新整合了必修二第四章第一节"工业区位因素及工业区位选择"、第二节"工业地域的形成"、第五章第二节"产业转移"及必修三第四章第二节"区域工业化与城市化"，围绕"某集团的发展历程"这一生活情境，展开对整个工业专题的复习。基于地理学科核心素养的"一境到底"情境式工业专题复习知识网络如下图所示。

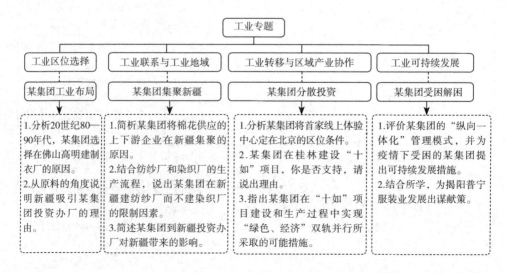

三、"一境到底"情境式专题复习探究活动开展

（一）课前展示情境，激发学生的复习兴趣

兴趣是学习的原动力，在复习课中教师要想方设法激发学生的学习兴趣，诱发学生的求知欲望，促使学生积极主动地参与课堂教学活动，使学习变得轻松快乐。在"工业"专题复习中，笔者对某集团进行简短的介绍，展示直观数据"全世界最大的全棉衬衫制造及出口商""一年生产量达1.1亿件恤衫，一秒钟能制造9件衬衣"，结合热点问题"据2021年联合国环境规划署的数据，纺织业成为全球第二大污染源""某集团坚持使用环保的天然染技术和非水染色技术10年时间"等。这么做一方面引发学生的好奇心，让学生思考诸如某集团为什么能够突破染织业的行业瓶颈，坚持使用环保的染色技术，它是如何发展起来的等问题，激发学生复习的兴趣；另一方面也能引导学生关注时事，关注国家发展。

（二）分析某集团区位选择，培养学生的区域认知能力

区域认知是人们运用"空间—区域"的观点认识地理环境的思维方式和能力。区域认知要求学生在掌握认识区域的工具、方法与路径的基础上，培养从"空间—区域"视角分析问题和解决问题的意识和习惯，并对区域的开发、利用等进行评价。

在现实生活中，工业区位选择与交通、市场、原料、地价等地理要素密切相关，需要结合工业生产特点及当地地理环境去分析工业区位条件。例如，讲某集团1995年开始在新疆投资办厂时，笔者设计了"请从原料的角度说明新疆吸引某集团投资办厂的理由"这个探究活动，让学生从微观角度去分析某集团工业区位选择的原因。大部分学生结合新疆深居内陆的区位条件很快回答出"新疆气候干旱，昼夜温差大，有利于棉花营养物质积累，原料品质好""新疆棉花产量大，原料丰富""企业亲自种植棉花，原料供应稳定且价格较低廉"等要点。但是，新疆吸引某集团投资办厂的优势条件还有哪些？这就是对

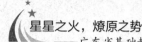

学生区域认知水平更深层次地考查，此时笔者引导学生继续观察新疆的地理位置并加以点拨——新疆靠近中亚，中亚是世界上的重要棉花产地，因此在新疆投资办厂有利于某集团从中亚进口棉花，进一步保障了原料供应的稳定。

（三）探究某集团工业联系，培养学生的综合思维能力

综合思维是指人们运用综合的观点认识地理环境的思维方式和能力，包括要素综合、地方综合和时空综合3个方面。

以"工业联系与工业地域"为例，笔者阅读大量材料后发现"20世纪90年代，正值某集团最低迷的时候，现任管理人做出一个惊人的决定——去新疆种植棉花。截至2011年底，某集团在新疆共投资创建了7家企业，拥有了从棉花育种、种植、轧花到生产高支优质纯棉精梳纱的供应链系统"，在复习课上，笔者率先抛出第一个问题"为什么某集团将棉花供应的上下游企业在新疆集聚"，学生回答工业集聚是为了共用基础设施，降低能耗，降低成本，加强信息交流与协作，加上对新疆地理环境要素综合分析后，学生得出将棉花供应的上下游企业在新疆集聚是为了追求当地丰富优质的原料的结论。笔者再抛出下个问题"为什么某集团在新疆建纺纱厂而不建染织厂"，学生对比纺纱厂和染织厂的生产流程，提出染织厂生产过程中需水量大且污水排放量大，若是布局染织厂会加剧新疆水资源短缺问题，不符合人地协调发展观，因此限制性因素是水资源。笔者继续抛出问题"某集团到新疆投资办厂给新疆带来什么影响"，学生围绕经济、生态、社会3个角度叙述其带来的效益和弊端。就在学生以为工业集聚是工业发展的大趋势，工业分散出现就是为了缓解工业集聚带来的问题的时候，笔者再抛出一个新的情境——"近年来某集团加大在内地的投资，一方面投资20亿元人民币在环保要求极高的桂林建设新项目，另一方面自创子品牌，并逐渐在北京、广州、杭州等地创设零售点和线上体验中心"。通过层层探讨，学生深入了解某集团在新疆形成工业集聚后，又采取投资桂林，在北京和杭州等地开体验店等工业分散行为的目的在于追求更加有利的区位条件，降低生产成本，获得经济效益，学生感受到工业区位选择并非一成不变，相同行业也会随时间而发生工业迁移，学会从时空角度去分析地理事物，提升时空综合能力。

（四）讨论某集团工业转移，培养学生的人地协调观

人地协调观是人类对地理环境秉持的正确价值观。以工业分散这部分内容为例，笔者主要围绕"某集团投资桂林的原因"（地对人的影响）、"在桂林建厂带来的影响"（人对地的影响）、"建厂和生产过程可持续发展措施"（人地协调对策）3个角度开展教学活动。

首先笔者提供了真实情境，"近年不少内地港商因成本增加，纷纷把工厂或部分生产线搬到其他成本较低的地方，如柬埔寨、缅甸及孟加拉国等。某集团却反其道，加大在内地的投资，投资20亿元人民币在环保要求极高的桂林建设现代化的新型纺织工业园"。某集团属于易污染行业，却选择在环保要求极高的桂林投资建厂，现实与常规的认知冲突引发学生思考和探究。有些学生出现了思维定式，提出了"桂林经济较落后，劳动力丰富廉价和地价低廉"的看法，此时笔者并不急于给出答案，而是让学生进行小组讨论。在组内交流和辩驳的过程中，有学生根据材料所说某集团在投资桂林之前就已经在毛里求斯、牙买加、菲律宾、越南等地建设生产基地，如果只是片面追求低成本，那么越南等地的优势更加明显，因此否定了桂林劳动力成本低下的说法。经过一番探讨，有的学生从文字材料"某集团2011年重组桂林银海纺织集团"获取信息，得出了"桂林纺织业产业基础好，工人技术成熟"的结论；有的学生通过观察桂林的地理位置，发现桂林与某集团及其现有的规模最大的高明生产基地之间的距离适中，随着贵广高铁的开通，交通时间大幅度减少，可以形成良好的产业协作关系；有的学生结合某集团在全球的布局状况，指出中国佛山、桂林，以及越南等生产基地都是沿"一带一路"分布的，有国家政策的支持；有的学生认为桂林的环保要求高，若某集团能够在桂林投资办厂，则恰恰说明了其生产过程是绿色无污染的，有利于宣传某集团的环保理念，提升企业形象，提高品牌效应……

在分析某集团投资桂林的原因后，笔者趁机抛出另一个问题"某集团在桂林建设新项目，你是否支持，请说出理由"，并要求学生以思维导图的形式呈现想法。"是否支持某集团在桂林建设新项目"的思维导图如下所示。

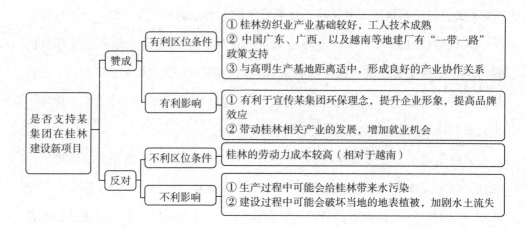

经过认真思考与激烈讨论后，学生知晓了某集团在桂林建生产基地的优劣势，但这一环节的探究并没有就此结束，笔者进一步创设问题情境，"某集团在桂林投资新项目，建设和生产过程中应该采取什么措施才能实现'绿色、经济'双轨并行"，结合在桂林建设和生产过程可能存在的不足，学生纷纷提议：①因为纺织厂水污染严重，所以新项目应该布局在河流的下游；②建设过程中可能会破坏地表植被，加剧当地水土流失，因此要尽量减少土方挖填，保留地块天然原始的风貌；③纺织工业对劳动力的需求量较大，随着桂林经济发展，劳动力成本优势会逐渐消失，因此在生产过程要引进先进技术和设备，提高生产效率，降低生产成本；④提高资源利用率，降低能耗；⑤加大工业废水的治理，减少污染物的排放……笔者利用PPT投影了该集团新项目在可持续发展、现代制造业、优质就业和科技创新等方面的最新发展，增加了学生对现代化工业的了解。

借助设置"某集团在桂林建设新项目"的真实情境，采取小组合作讨论、小组辩论、思维导图等实践探究活动，让学生深刻地认识到人类活动在一定地理环境中开展，人类活动也会对地理环境产生积极影响或消极影响，因此人类活动要遵循自然规律，协调好人类活动与地理环境的关系，从而培养学生的人地协调观。

（五）协助某集团疫情解忧，培养学生的地理实践力

地理实践力是指学生能运用所学知识和地理工具，通过考察、实验、调查等方法获取地理信息，探索和尝试解决实际问题中所具备的意志品质和行动能力。"地理实践力"素养有助于提升人们的行动意识和行动能力，从而更好地在真实情境中观察和感悟地理环境及其与人类活动的关系，增强社会责任感。

为培养学生的地理实践力，教学应该紧扣社会热点问题，拓宽学生视野，让学生在学习过程中自发体会到"生活即是地理"。正如"工业"专题复习中，笔者紧扣疫情这个热点话题，引入情境"某集团经过33年的发展，成功拥有了一个从设计、原料采集、棉纱生产到成衣制造的纵向一体化供应链。然而受疫情冲击，原料价格上涨、服装订单减少、疫情反复影响复工复产等问题集中爆发，纵向一体化模式给某集团带来了巨大挑战"后，提出了"评价某集团的纵向一体化管理模式""为疫情下受困的某集团提出可持续发展措施"等开放探究性问题。

地理实践力的培养也需要将教学与乡土案例紧密结合。笔者布置了一项课后任务，"揭阳普宁市服装业历史悠久，最早可以追溯到明清时期，现今形成了从纺纱、织布、印染、辅料、配件、设计、生产到销售的庞大产业链配套。结合工业所学知识，分析普宁市服装业发展的区位条件、存在困境、未来的发展道路"。引导学生关注家乡，将所学地理知识运用到现实生活中，让地理改变生活。

四、反思总结

本专题复习将某集团的发展历程"一境到底"，讲述某集团不同区位选择的故事的同时，巧妙地把"工业区位""工业联系""工业转移""工业可持续发展"4个知识内容及能力考核都置于同一区域背景和探究情境中，减少学生思维跳跃，更加有利于学生深入探究地理问题，提升地理学科核心素养。

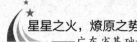
参考文献：

［1］中华人民共和国教育部.普通高中地理课程标准（2017年版）［S］.

北京：人民教育出版社，2018.

［2］袁孝亭.区域认知及其培养重点解析［J］.地理教育，2017（1）：4-6.

［3］韩青梅.基于综合思维能力培养的高三地理教学设计与实践——以

"工业"专题复习为例［J］.复习指南，2021（6）：36-40.

（此文获 2021 年广东省中学地理教学论文评选活动二等奖）

新教材"情境设计"素材为主题的
问题情境分类和创设策略初探

——以"地球的宇宙环境""常见地貌类型"为例

揭阳第二中学　李玲

　　《普通高中地理课程标准（2017年版）》提及，地理学科核心素养包括人地协调观、综合思维、区域认知和地理实践力，这为中学地理教学转向素养培养的实施给出了具体指导。很多思想和知识都隐含于人类的各种活动中。学生个体在面对由诸多地理要素组成的复杂情境时，获得了一定的态度体验，他们利用已有的经验，在分析情境、发现问题、解决问题、交流结果的过程中表现出了综合性品质。这些综合性品质正是地理教学想要落实的地理学科核心素养。2017版人教版地理教材为适应课程改革，对教材编写提出了新要求，新增了"情境设计"这一栏目，努力引导学生在情境中学习。

　　教材中"情境设计"这一栏目设置在每一节课的开头，很多教师使用教材中情境素材的目的仅仅为了新课引入，或者作为导引，未能将情境始终贯穿在课堂中。本文尝试通过区分情境的素材来源类型和问题情境创设类型，有目的地挖掘教科书"情境设计"栏目的图文等素材，设计同一主题的不同认知能力层次目标的地理情境，将情境贯穿于课堂中，以达到提高课堂教学效率和培养学生地理学科核心素养的目的。

一、什么是情境

不同学科关于情境的概念描述有一些不同。哲学家强调人与环境之间的互动关系，莱芙与温格用合法的边缘性参与来描绘情境学习的过程；心理学强调情境是对人有直接刺激作用，有一定生物学和社会意义的具体环境，在这个具体的环境条件中，事物能对机体产生影响；人类学家则强调社会中的个体与物理情境互动，最终产生知识的过程。本文中的情境是指具有一定情绪色彩的、以形象为主体的生动具体的场景。利用这样的场景引起学生一定的态度体验，从而帮助学生理解教材，引导学生通过"讨论、质疑、分析、推理、加工、综合、得出结论"的学习过程，培养提升学科核心素养。

二、情境素材的类型

依据课标要求，新教材在每章节开头增加了"情境设计"栏目，本着有事实、有问题的原则，使学生能在真实的情境中开始学习。

地理情境素材按照不同的标准可以划分成很多种类型，如果按照地理情境素材的来源来划分，那么大概可以划分为地理活动类情境素材、生活经验类情境素材、时事热点类情境素材、地理试题类情境素材等。地理活动类情境素材是指一系列地理实践活动，如研学旅行、角色模拟、地理实验、制作地理模型等，引导学生在探索中获得地理知识。生活经验类情境素材是指一些贴近生活的素材，如自然现象、日常经验和社会实践经验等，让学生探索与自身生活和周围环境密切相关的地理知识，体会生活中的地理，掌握侧重基础性的地理知识和技能。时事热点类情境素材往往能体现地理区域性特征，很多热点情境背后的原因隐藏着情境发生区域的特点，能有效地锻炼学生的区域认知素养。地理试题类情境素材极为丰富，往往可以作为新课的导引或用于讲解某个具体知识点。新教材中的"情境设计"栏目的素材类型比较多样，笔者整理必修一、必修二的"情境设计"素材，发现大部分是生活经验类和时事热点类的情境素材。笔者认为在课堂创设地理情境时，可以充分利用这些素材的真实性，挖掘其背景资料，补充完善部分内容，丰富地理情境素材的类型，创设更加真实、复杂且具备不良结构的地理情境，帮助学生深入学习。

人教版地理必修一、必修二"情境设计"素材的归类见下表。

地理情境素材类型	必修一对应章节	必修二对应章节
地理活动类情境素材	3.1水循环。	—
生活经验类情境素材	1.3地球的历史； 1.4地球的圈层结构； 2.2大气的受热过程和大气运动； 4.1常见地貌类型； 4.2地貌的观察； 5.2土壤； 6.4地理信息技术在防灾减灾中的应用。	1.2人口迁移； 2.1乡村和城镇空间结构； 2.3地域文化与城乡景观； 3.1农业区位因素及其变化； 3.3服务业区位因素及其变化； 4.2交通运输布局对区域发展的影响。
时事热点类情境素材	1.1地球的宇宙环境； 1.2太阳对地球的影响； 2.1大气的组成和垂直分层； 3.2海水的性质； 3.3海水的运动； 5.1植被； 6.1气象灾害； 6.2地质灾害； 6.3防灾减灾。	1.3人口容量； 3.2工业区位因素及其变化； 4.1区域发展对交通运输布局的影响； 5.1人类面临的主要环境问题； 5.2走向人地协调——可持续发展； 5.3中国国家发展战略举例。
地理试题类情境素材	—	1.1人口分布； 2.2城镇化。

三、问题情境的类型

问题情境按照不同的标准可以划分成不同类型。美国学者布卢姆将认知领域的学习目标分为6级，即知识、领会、应用、分析、综合、评价。笔者结合修订的高中地理课标和教学目标，尝试将情境分为4种，即直观领会型情境、问题探究型情境、活动体验型情境、综合协作型情境。在不同的地理情境中，不同的问题情境对应的学习目标层次不同，旨在培养的地理学科核心素养也有所不同，因此创设不同的地理情境时，引入的素材内容和形式也有所不同。

直观领会型情境对应的认知层次指向是"知识"和"领会"，这些情境更多地作为知识的引入，吸引学生的注意力，引导学生进行思考，也阐述了教科书的相关内容。

问题探究型情境对应的认知层次指向是"应用"和"分析"，这些情境重视问题探究，要求教师设计的问题具有针对性和逻辑性，引导学生在分析问题时需整合文字、图片、数据等信息进行分析，解决问题，在教学过程中培养综合思维这一核心素养。

活动体验型情境对应的认知层次指向是"分析"和"综合"，要求创设相关情境，给学生提供一个自主学习的活动，关键在于引导学生通过体验活动得到切身感悟。学生把在课内学习的知识内化后形成图式，通过课外实践，利用同化原则，使新的情境要素与旧图式发生联系，主动探究获得相关知识，提升地理实践力这一核心素养。

综合协作型情境对应的认知层次指向是"评价"，通过创设既便于小组协作学习，又复杂且贴近真实生活，同时具有不良结构的问题情境，在有一定争议的情境中，让学生通过辩论、质疑、探究进行知识迁移，学以致用，提升人地协调观等核心素养。

笔者在教材"情境设计"栏目素材的基础上查阅相关资料，补充部分内容，运用认知层次学习目标设计一系列问题情境，以统一主题的情境贯穿整个章节，来满足学生的求知欲和好奇心，使学生在一步一步解决问题的过程中，体验到学习的乐趣，真正成为学习的主人。这些地理问题之间具有逻辑关联，涵盖了本节课的知识点，便于学生从情境体验中激活地理思维，获得更清晰、更透彻的理解，促进生活经验地理化、地理问题真实化，让学生从情境学习中自主探究，发展学科核心素养。

以必修一"地球的宇宙环境"课时为例，教材提供的素材内容为："'我国载人飞船工程首位航天员杨利伟在回忆从太空中俯瞰地球的感受时，这样写道："地球真的太漂亮了，漂亮得无可比拟……在太空的黑幕上，地球就像站在宇宙舞台中央那位最美的大明星，浑身散发出夺人心魄的、彩色的、明亮的光芒，她披着浅蓝色的纱裙和白色的飘带，如同天上的仙女缓缓飞行。"'地球真的会发光吗？如果不会，那么从太空中看到的地球为什么是明亮的？这与它在宇宙中所处的位置有什么关系？"

主题	设计	直观领会型情境	问题探究型情境	活动体验型情境	综合协作型情境
逐梦星空	教学情境	小理是天文爱好者，今年暑假他买了台相机，打算拍摄银河的照片（展示银河图片）。小理发现拍摄图片中有一个天体比较特别，他查阅资料发现是刚好过境的"天宫"空间站。	文字展示：杨利伟的《天地九重》——"在太空的黑幕上，地球就像站在宇宙舞台中央那位最美的大明星，浑身散发出夺人心魄的、彩色的、明亮的光芒"。视频展示："天宫"空间站中的航天员成功出舱，站在机械臂上与地球合影，体现中国对宇宙的探索历程。视频展示：小理搜索到"天问一号"成功着陆火星的相关报道。表格展示：行星日地距离、体积、质量、轨道倾角等资料。	小理在阅读《天地九重》后，很感兴趣。他在网络上查阅资料后发现，杨利伟曾在太空听到了来源不明的敲击声，难道是外星人来敲门了吗？地球为什么能有生命的存在？太空还有没有其他形式的智慧生命存在？	杨利伟说过："在太空中，我还看到类似棉絮状的物体从舷窗外飘过，小的如米粒，大的如指甲盖，听不到什么声音，也感觉不到这些东西的任何撞击。"数据资料展示太空垃圾的类型和数量。

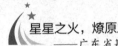

续 表

主题	设计	直观领会型情境	问题探究型情境	活动体验型情境	综合协作型情境
逐梦星空	教学设计	问题设计：1.仰望星空，这些闪烁的星星是什么？2.宇宙里有什么？3.天宫空间站属于天体吗？	问题设计：1.地球自身会发光吗？如果不会，那么请分析从太空看到的地球是明亮的原因。2.会发光的天体有哪些？我们夜间和白天看到的最亮又最大的天体分别是什么？地球跟这些天体之间有什么关系？3.绕日运行的天体及绕地球运行的天体分别有哪些？	活动设计：1.探究讨论地球存在高级智慧生命生存和繁衍的条件。2.尝试绘制"发送给地外文明的'名片'"，介绍地球在宇宙中的地址和环境条件，并用文字介绍你的设计方案。	小组活动："我在太空捡垃圾"，讨论随着人类对宇宙探索的深入，航天活动日益频繁，太空垃圾越来越多的问题。1.探究航天发展产生的太空垃圾对人类未来的利与弊。2.通过哪些方法，可以捕捉清理太空的航天垃圾。
	教学目标	知道天体的概念、分类。	知道天体系统的层级结构；了解太阳系的组成和八大行星的运动特征；说明地球的普通性。	说明地球的特殊性。	引导学生着眼宇宙环境，用自身行动珍惜和保护地球的宇宙环境。
	认知能力层次	知识、领会。	应用、分析。	分析、综合。	评价。
	地理学科核心素养	综合思维素养。	综合思维素养。	综合思维素养、地理实践力素养。	综合思维素养、人地关系协调观。

以必修一"常见地貌类型"课时为例，教材提供的素材内容为："300多年前，徐霞客在游记中写道：'遥望东界遥峰下，峭峰离立，分行竞颖，复见粤西面目。盖此丛立之峰，西南始于此，东北尽于道州，磅礴数千里，为西南奇胜，而此又其西南之极云。'（《徐霞客游记·滇游日记二》）你知道徐霞客描述的是哪种类型的地貌吗？这类地貌在我国主要分布在哪些地方？这类地貌对当地人们的生产和生活有哪些影响？"

主题	设计	直观领会型情境	问题探究型情境	活动体验型情境	综合协作型情境
世界这么大，我想去看看	教学情境	介绍徐霞客生平。展示"徐霞客出游年表""徐霞客51～55岁旅行线路示意图"《徐霞客游记·滇游日记二》。视频展示：《一分钟了解喀斯特地貌》。	学生观察到徐霞客在广西武宣到贵州到昆明宜良之间的西行之路非常迂回曲折，他在典型喀斯特地貌区域逗留了很久。他在此处发现了什么样的地貌？我们作为"现代徐霞客"，可以借助其他工具多方位地观察当地的地貌。展示"徐霞客51～55岁旅行线路示意图"，运用"水经微图"软件生成"武宣—宜良"沿线的局部地形剖面图和遥感影像图。视频展示：《航拍中国：贵州溶洞》。	徐霞客西南之行的最大科学成就是创立石山学和洞穴学，尤其是对全球的喀斯特类型中最为显赫的峰林和峰丛喀斯特进行了开创性的研究。图片展示：《中国国家地理杂志喀斯特专辑》。	在人们的印象中，居住在美如画卷的中国南方喀斯特区域的人，应该都过着悠然自得的田园生活，然而事实并非如此。因为大地已经被溶蚀得支离破碎、峰谷密布，当地人民正在经历着"喀斯特式贫困"。图片展示："中国南方喀斯特范围内的连片特困地区"。
	教学设计	问题设计：1.徐霞客描述的是哪种类型的地貌？2.这类地貌在我国主要分布的区域在哪里？3.这类地貌的定义是什么？	问题设计：1.徐霞客旅途中观察的峰丛、峰林、孤峰、残丘的地貌特点分别是怎样的？2.思考地表喀斯特地貌景观的演变过程。3.通过观察以上材料，探究溶洞、石钟乳、石笋、石柱等地貌特点。	活动设计：学习了这么多内容，你能不能准确判断出峰林和峰丛？尝试自己课后画图展示峰林和峰丛。	小组讨论：1.喀斯特地貌对当地人类生产生活的影响有哪些？2.这些影响中，积极影响比较多还是消极影响比较多？3.针对这些影响，喀斯特地区有什么发展措施。
	教学目标	了解喀斯特地貌的概念。	通过实验、野外考察等方式判断地貌类型，并分析其分布和成因；能够运用自然地理基础知识，说明一些自然景观之间的关系和变化过程。	学会利用景观图和示意图说明不同的地貌特征。	能够在一定程度上合理描述和解释特定区域的自然现象，并说明其对人类的影响。
	认知能力层次	知识、领会。	应用、分析。	分析、综合。	评价。
	地理学科核心素养	区域认知。	区域认知、综合思维素养。	综合思维素养、地理实践力素养。	综合思维素养、人地关系协调观。

　　利用教科书"情境设计"栏目的素材设计情境，形成面对现实的生活的情境，学生能够分析出学科性的问题，然后通过问题情境把学科知识和技能联系起来，利用已经掌握的学科知识和技能，提出解决新问题的方法，最后把这些方法和技能运用到现实生活情境中，解决实际面对的问题情境。学生面对真实的、具有不良结构的情境后，尝试解决问题，把抽象的、简化的知识和方法真实化，培养了综合思维素养、地理实践力素养、人地协调观等地理学科核心素养。

参考文献：

［1］万作芳，任海宾.问题情境的类型与设计——以初中道德与法治教科书为例［J］.思想政治课教学，2017，11（11）：33-38.

［2］李晶.高中地理课堂情境素材选用的优化研究——基于对优质地理教学视频的观摩［D］.郑州：河南大学，2020.

［3］秦玥.指向高阶思维培养的情境创设策略——以2017版新课标地理1"水循环"为例［J］.地理教学，2020（16）：13-15.

［4］黄凤金.案例型地理情境的分类设计与实施策略——以《人口的空间变化》为例［J］.热带地貌，2019，40（2）：68-72.

［5］王军科.情境教学法在高中地理教学中的应用——以"洋流对地理环境的影响"为例［J］.中学地理教学参考，2021（4）：44-45.

（此文获 2021 年广东省中学地理论文评选活动二等奖）

地理学研究方法在高中地理教学中的渗透

——以人教版高中地理必修第一册"土壤"为例

河婆中学　黄玉

《普通高中地理课程标准（2017年版2020年修订）》规定，我国高中地理课程内容反映地理学的本质，体现地理学的基本思想和方法。掌握地理学所特有的研究方法是地理学重要的育人价值之一。本文以人教版必修一"土壤"为例，探讨如何在地理课堂教学中渗透地理学研究方法，以期培养学生地理学科的核心素养，从地理教育的角度落实立德树人根本任务。

一、地理学研究方法的内涵

（一）地理学研究方法是地理人必备的地理学思想方法

地理学研究方法是研究者反映和认识地理学过程的体现。研究者通过对地理学现象的解释、预测，解决地理学问题，发现或发展地理学的原理和规律。地理学拥有世界上所有学科所没有的非常独特的研究方法，地理学思维之所以独特，是因为它需要综合或跨越若干个学科来解决问题，而且与人类经济活动紧密相连，所以作为地理人必须掌握这一思想方法。地理学研究思维路径如下图所示。

（二）掌握地理学研究方法是地理学重要的育人价值之一

加德纳认为学生只有超越具体的事实和信息，理解学科思考世界的独特方式，未来才有可能像一个科学家、数学家、艺术家、历史学家一样去创造性地思维与行动。因此，在以发展核心素养为目标导向的今天，应把教学重心从教授"专家结论"转向培养"专家思维"上，即让学生学会地理学者研究的思考方式。作为教师，我们如何教会学生"学会"知识的关联、"学会"思考？可以肯定的是，在学习过程中，起决定作用的并不是死记硬背、模仿他人的技巧，而是教师头脑中知识组织与知识存储的独特形式，这就需要教师具备地理学研究方法，让学生像地理学者一样认识地理问题的关键，把学科专家的研究方式转化为学生的学习方式，培养良好的思维习惯。它在哪里？它是什么样子的？它为什么在那里？它是如何出现的？它产生了什么影响？怎样使它有利于人类和自然环境？一系列问题之后，最终的落脚点在人地关系，而人地关系是地理学思维核心理念中的核心。

笔者以人教版必修一"土壤"一课为例，探讨如何在高中地理课堂教学中渗透地理学研究方法。

二、地理学研究方法渗透课堂的实施路径——以人教版必修一"土壤"为例

地理学研究方法是一个逻辑思维的过程，目的是从综合的视角认识地理事物和现象，因此，教师要深度挖掘课标和教材，生成问题链，让学生在解决问题的过程中感悟地理学研究方法。

（一）解读课标，明晰其蕴含的地理学研究方法

课标解读能帮助教师厘清"为何教""教什么""怎么教"等教学设计的

基本问题。除此之外，部分课标内容也蕴含地理学思想方法，如整体性思想、区域思想、过程思想、人地关系思想等，教师需深入挖掘课标内容中的核心概念，明晰其中隐含的地理学研究方法。

本课对应的课标内容为"通过野外观察或运用土壤标本，说明土壤的主要形成因素"，其核心概念包括"形成过程""人地关系"等。通过对核心概念的解读，可以看出该课标关联整体性思想、区域思想、过程思想、人地关系思想等。

"土壤的主要形成因素"实际上蕴含土壤的形成过程及地理环境整体性的学习，教师要突出要素综合、时空综合，培养地理学综合思维；"土壤的功能和养护"则强调了人与自然环境的相互关系，可以帮助学生树立正确的人地观念。

要对课标内容有一个准确理解，一方面需要深入解读其指向的教学内容，另一方面需要挖掘关联的地理学思想方法。

（二）研读教材，领悟其渗透的地理学研究方法

教材的许多章节中渗透着地理学研究方法，教师在研读教材的过程中，要领悟编者的编写意图。

"土壤"这一节教材内容可归纳为"土壤的概念—土壤的组成—土壤的主要形成因素—土壤的功能和养护"，其实就是按照地理学研究方法编排的，正好对应以下问题：它在哪里？它是什么样子的？它为什么在那里？它是如何出现的？它产生了什么影响？怎样使它有利于人类和自然环境？

教材编写的逻辑中蕴含着地理学研究方法，但其呈现方式较为内敛，导致部分教师在教学中仅重视对具体知识结论进行归纳，而忽略了对地理学研究方法的渗透和培育。

（三）主题引领，渗透其蕴含的地理学研究方法

上述对课标及教材进行深度研读，笔者结合地理学研究方法将"土壤"一课划分为5个主题来阐述地理学研究方法在高中地理课堂教学中的渗透路径。下表是"土壤"渗透地理学研究方法的课程设计。

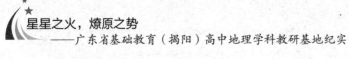

主题1	它在哪里？
问题链	在教材中找到土壤的概念，并从中提取关键词。
主题2	它是什么样子的？
问题链	阅读教材，并思考： 矿物质、有机质、水分和空气在土壤中承担什么作用？对植被的生长有何影响？ 结合"理想土壤成分的体积比示意图"推测土壤中的空气与水分的相互关系。 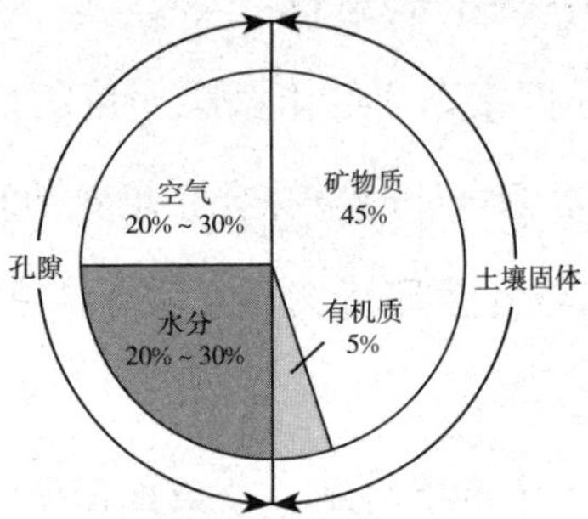 空气 20%~30%　矿物质 45%　孔隙　水分 20%~30%　有机质 5%　土壤固体
得出结论	性状良好的土壤既能通气透水，又能蓄水保温，能提供植物生长所需要的水、肥、气、热。
主题3	它为什么在那里？它是如何出现的？
问题链1	据以下"土壤的形成过程示意图"，小组合作完成任务并探究下列问题： 1.结合示意图，描述土壤的形成过程，并绘制思维导图。 2.图示土壤的形成过程中，有哪些成土因素参与？ 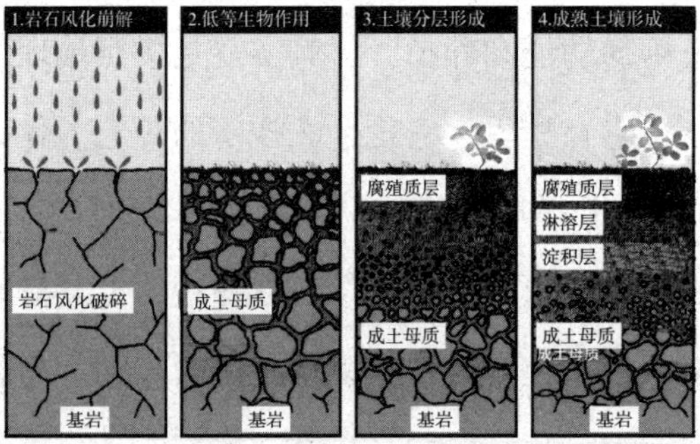 1.岩石风化崩解　岩石风化破碎　基岩 2.低等生物作用　成土母质　基岩 3.土壤分层形成　腐殖质层　成土母质　基岩 4.成熟土壤形成　腐殖质层　淋溶层　淀积层　成土母质　基岩
得出结论	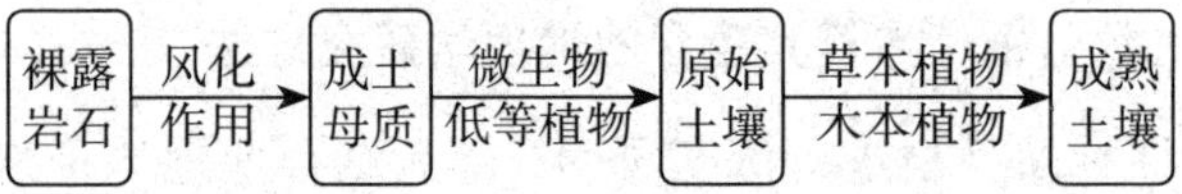 裸露岩石 —风化作用→ 成土母质 —微生物 低等植物→ 原始土壤 —草本植物 木本植物→ 成熟土壤
问题链2	结合教材图文资料（如下图所示），生物（植被）在土壤形成中的作用，小组合作，探究下列问题：

续 表

问题 链2	1.有机质的合成与分解分别在哪里进行？这对土壤形成产生了哪些影响？ 2.来自不同圈层的养分元素为何在土壤表层富集？ 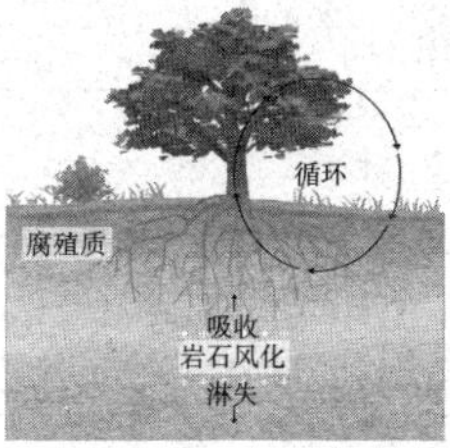
得出 结论	生物对土壤的意义：生物是影响土壤发育的最基本也是最活跃的因素，为土壤提供有机物和腐殖质，从而改变了土壤结构，形成肥力。
问题 链3	阅读教材及"世界土壤分布图"，探究下列问题： 1.找出世界三大黑土区、砖红壤分布区。 2.推测黑土区、砖红壤分布区与气候的关系。
得出 结论	1.气候的分布规律在很大程度上影响和控制了土壤的分布规律。 2.岩石风化的强度和速度与温度、降水量呈正相关。 3.冷湿环境有利于土壤有机质积累。
问题 链4	结合教材及"山坡土壤发育程度分布示意图"（如下图所示），回答： 1.地貌对土壤发育的影响主要表现在哪些方面？ 2.比较陡峭的山坡与山麓低地或谷地的土层厚度，并说明原因。 3.从山坡到山麓，土壤颗粒分布有何规律？ 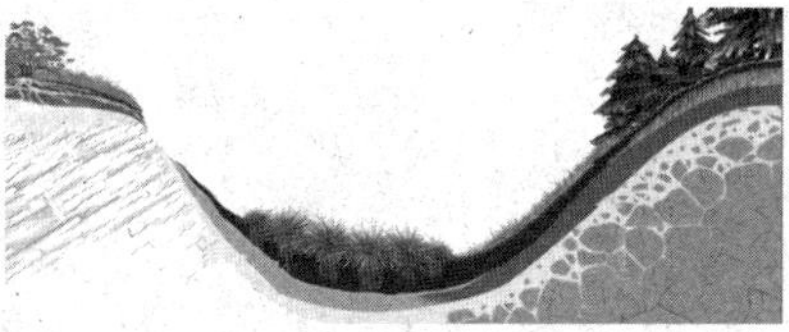
得出 结论	1.不同海拔、坡度、坡向，由于水热条件的不同，山顶与山麓、阳坡与阴坡、迎风坡与背风坡的土壤发育不同。 2.从山顶到低平洼地，成土母质颗粒由粗到细，依次分布砾质土、砂土、壤土和黏土。
问题 链5	阅读以下土壤形成过程的不同阶段示意图，回答： 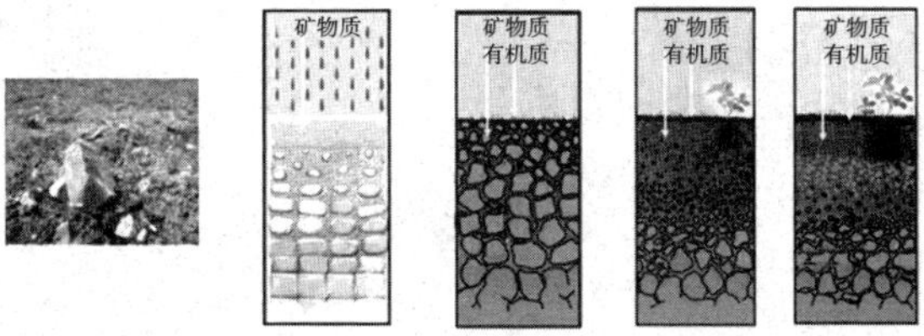

续 表

问题链5	1.除上述成土因素外，还有什么影响因素？ 2.由此可以得到什么启示？
得出结论	土壤发育的时间越长，土壤层越厚，土层分化也越明显。 启示：要合理利用土壤。
问题链6	列举人类活动对土壤的影响。
得出结论	积极影响：能培育出肥沃的耕作土壤。 消极影响：会导致土壤退化。
小结	土壤是环境各要素综合作用的产物。
主题4	它产生了什么影响？
问题链	1.阅读教材图文资料，说一说下面的土壤在地理环境中的地位图反映了土壤的什么功能？ 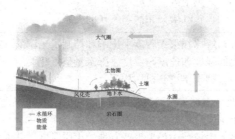 2.根据下列图片说明土壤和生物的关系。    植物与土壤示意图　　食草动物进食示意图　　土居动物巢穴示意图　土壤微生物示意图 3.阅读水循环示意图，说明土壤在陆地和植物中的作用。 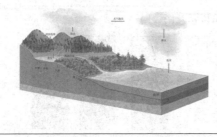 

续表

问题链	4.结合教材及下列图片，说明土壤和人类的关系。 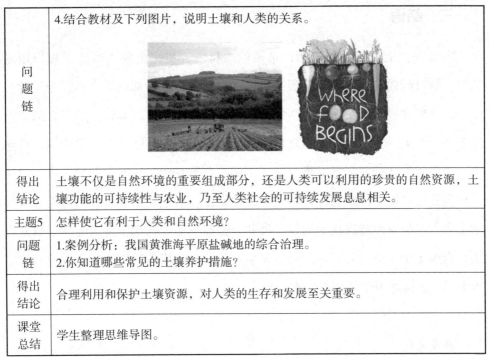
得出结论	土壤不仅是自然环境的重要组成部分，还是人类可以利用的珍贵的自然资源，土壤功能的可持续性与农业，乃至人类社会的可持续发展息息相关。
主题5	怎样使它有利于人类和自然环境？
问题链	1.案例分析：我国黄淮海平原盐碱地的综合治理。 2.你知道哪些常见的土壤养护措施？
得出结论	合理利用和保护土壤资源，对人类的生存和发展至关重要。
课堂总结	学生整理思维导图。

依据地理学研究方法，调整"土壤"的教学内容，使整个教学过程更好地渗透地理学研究方法。调整后的"土壤"的教学过程思维导图如下图所示。

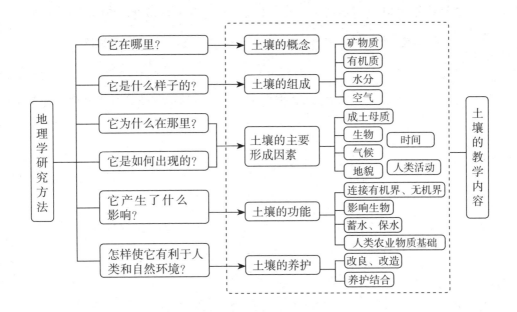

三、结语

本文以"土壤"一课为例，选取的教材内容贯穿全课，做到了用好用尽教材。通过问题链的设计，开展了系列学习活动，既能帮助学生掌握相关学科知识，又能通过地理学研究方法的渗透提升学生的地理思维；引起学生对"人地关系"的关注，帮助学生更好地看待地理环境与人类活动的相互影响，认同人地协调对可持续发展具有重要意义，形成尊重自然、和谐发展的态度。地理学研究方法可以解决地理问题，获得地理结论，对该研究方法的学习能够帮助学生自主、独立地解决地理问题。因此，在高中地理教学中渗透地理学研究方法，有助于学生提升洞察和理解地理事象的能力，培养学生地理学科专家的思维方式，促进地理学科核心素养的养成。

参考文献：

［1］中华人民共和国教育部.普通高中地理课程标准（2017年版2020年修订）［M］.北京：人民教育出版社，2020.

［2］陈实.地理教育的研究方法［J］.中学地理教学参考，2020（7）：1.

［3］朱鹤健.地理学思维与实践［M］.北京：科学出版社，2018.

（此文获2022年广东省中学地理教学论文评选活动二等奖）

第三辑

教学设计精选

城 镇 化

邱金元纪念中学　洪佳

【课标要求】

运用资料，说明不同地区城镇化的过程和特点，以及城镇化的利弊。

【素养要求】

1. 要求学生能够描述某具体城市城镇化过程的某些地理变化现象，着重培养学生的综合思维和区域认知能力。

2. 要求学生能够运用地理信息技术，收集和呈现城镇化的人文地理数据、图表和地图，针对相关的地理资料，提取重要地理信息进行表述，着重培养学生的地理实践力。

【教材解读】

教学内容选自人教版必修二第二章第二节"城镇化"。城镇化是我们生活的一部分，教材主要从"城镇化的意义""世界城镇化进程""城镇化过程中出现的问题""地理信息技术在城市管理中的应用"这4个方面设置教学内容，着重要求在教学过程中建立密切的知识联系，激发和训练学生的逻辑思维，使他们能够具体分析城镇的发展过程及其可能出现的问题，并提出相应的解决对策，同时引导学生用发展的眼光看待问题，掌握重要的地理原理，较好地落实地理学科素养。

【学情分析】

初中的地理学习只简单涉及"聚落"的相关内容，学生对城市的认识更多是用一种静止的眼光，认为城市本来就是这样，缺乏用动态的眼光看待现象和问题的能力和经验，对城市及其发展的理解和认知存在一定的空白。通过本节课的学习，学生能够系统地理解城市的由来和发展，学会用发展的眼光和科学的态度看待身边城市的各类现象，完善对社会和世界的认知。本节课的学习难度适中。

【教学目标】

以学生的家乡揭阳作为背景素材，从区域发展的角度，让学生认知城镇化的概念和特点，理解城镇化的进程（区域认知）；通过本节课的学习，让学生能够用动态的眼光和思维看待城市的存在与发展（综合思维）；通过思考与分析城镇化进程中出现的问题，引导学生认识地理事物存在利与弊，认识人类活动对城市发展的影响（人地协调观）；通过本节课的学习，让学生能应用地理信息技术，解决身边的一些实际问题，培养其自主探究思维和动手能力（地理实践力）。

【教学重难点】

1. 城镇化的意义、世界城镇化进程、城镇化过程中出现的问题。
2. 城镇化进程。

【教学方法】

情境问题式教学、任务驱动型教学。

【课时安排】

1课时。

【教学过程】

（一）情境问题导入

教师提出问题：假如你是一位城市交通规划师，你会如何规划和发展揭阳城区及其周边的交通线路呢？

设计意图：抛出学生身边的问题，让学生展开想象，教师可以从中收集更多的学生思维动态和信息，有助于教学的开展。

学生简单作业后，说出自己内心构筑的城市交通规划设想。

教师简单评价后，展示揭阳城市公共交通发展规划草图。（图略）

师：大家在观察图片的同时，思考揭阳城市交通的发展趋势是怎样的，有什么特点。

学生观察后，说出城市交通的分布情况和特点。（答案可以涉及延伸方向、连接区域、交通类型等）

设计意图：展示公共交通发展草图，让学生了解揭阳的发展趋势，激发学生憧憬家乡的未来景象，调动学生学习的积极性，也能让学生发现实际的规划与自己内心的规划之间的异同，带着问题进入课堂学习。

师：为什么城市交通的发展趋势会是这个样子？我们都知道"路通财就通"，如今的市区与乡镇的联系十分密切，除了能反映这座城市的发展程度，还能说明其他什么问题呢？我们再来看以下的一些图片。

教师展示1985年和2016年揭阳城区及其周边地区的卫星图。（图略）

师：大家请观看这两张图片（图略），思考有什么异同。

学生看图之后，说出图片中的信息。

教师补充：这两张图分别是1985年和2016年揭阳城区及其周边地区的卫星图。两张图的拍摄时间相差30多年。通过观察图片我们可以发现，这30多年来揭阳城区沿河流向东西方向延伸，面积扩大了，才导致城市的交通规划往东西方向发展。这种现象与城镇化有关。

设计意图：展示揭阳城区不同年份的卫星图，一方面可以让学生深刻了解自己生活的这片土地上的过去与现在，加深学生的体验效果，另一方面可以清晰地看出该地区的面积变化和城市的规模。展示的图片与学生的生活环境比较贴近，能够带给他们更深的触动，引发他们更多的思考，激发他们的探究学习兴趣，引出"城镇化"学习主题。

（二）课堂认识与探究

认识：什么是城镇化？揭阳的城镇化是如何表现的？

学生阅读教材，了解城镇化的概念，同时从刚才的图片中获取信息，对揭阳城镇化现象进行表述。（参考：①揭阳城区从早期的零星分布到如今的成片分布；②揭阳城区的面积与范围在不断扩大，沿东西方向延伸最为明显；③建筑物密度不断增大，绿化和田园的面积在持续缩小。）

教师归纳：城镇化的概念、城镇化的3个标志、衡量城镇化水平的重要指标。

设计意图：培养学生从图片材料中获取信息、厘清地理要素、总结信息的能力，也为下一环节的学习做好知识铺垫。

探究一：城镇化对区域发展的积极作用

师：通过学习，我们基本了解什么是城镇化，以及城镇化的具体表现。接下来，我们一起探究，城镇化对这座城市而言有什么意义。我们先看2004年和2008年揭阳市东山区临江地带的图片，思考问题。

2004年的揭阳市东山区临江地带如下图所示。

2018年的揭阳市东山区临江地带如下图所示。

问题1：这是揭阳主城区同一地点不同年份的景观相片。同学们请看看它们有哪些差异？说明什么问题？

学生看图说话，能够指出建筑物密度差异、用地范围差异、居住环境的改变等即可，能够说出城市在发展，城市经济水平在提高即可。

教师对学生的表达内容进行简单点评和反馈，引导学生将城市水平与经济发展相联系。

问题2：2014年部分国家城镇化水平与经济发展水平图（如下图所示），说出城镇化水平与经济发展水平之间存在什么联系。

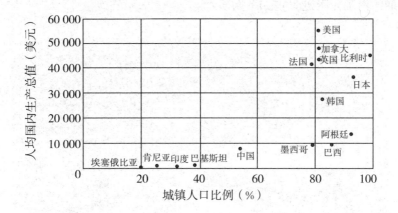

设计意图： 培养学生从图文材料中获取信息并解决问题的能力，重点在于得出城镇化改变城镇的居住环境、促进当地经济发展这两方面的意义。

学生思考并回答问题，教师评价。

师：从图中，我们明显可以看出，城镇化水平越高，国民经济水平就越高，这是一个普遍现象，说明城镇化水平能反映出工业化程度和社会经济发展水平。城镇是区域的中心，集中了大量的人口、工业、服务业和基础设施等，能带动区域经济发展、社会繁荣、环境改善；区域经济水平的提高，又为城镇的发展添动力，推动城镇化进程。

活动1：我们观看以下两张景观图，看看城镇化给揭阳市区带来了哪些变化与影响。

较早期的揭阳楼附近景观如下图所示。

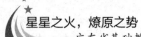
近期的揭阳楼附近景观如下图所示。

设计意图：让学生看到自己家乡的过去和现在，看到家乡的繁荣与发展，培养学生的乡土情怀，同时也能引导学生更好地学习与思考，重点在于得出城镇化增强社会和谐、提高资源利用效率等意义。

学生通过观看以上景观图，分组讨论，派代表说说揭阳城镇化给市区带来的变化和影响。

教师引导：这些年，城镇化对揭阳市区的影响是非常明显和巨大的。大量人口涌入市区，为揭阳的发展贡献了自己的一分力量。

从揭阳市区夜景俯拍图（图略）可以看到，市区夜晚明亮的灯光，街道、干道十分清晰，车水马龙，也可以看出城区拥有比较完善的基础设施，服务业也较为发达，地区经济自然得到充分发展。对比揭阳楼附近景观，可以发现莲花广场的河流对岸，早期仅仅是一片空地，如今却是高楼林立。这里有粤东单体体量最大的购物广场，涵盖大型商业综合体、写字楼、酒店、演艺中心、住宅、公寓等。很显然，我们城市的形象在发生巨大改变，城镇化吸引了大量的投资商入驻，通过平整土地，修建设施，增加绿化，引进一些智能设施和自动化设备，我们的居住生活环境得到了改善，生活水平得到了提高。

除此之外，由于城区人口集中、设施完善，城镇化还能提高各类资源的利用效率，能够为城区的居民提供更为优质的服务。

小结：

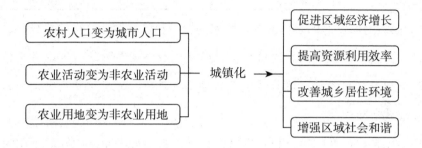

探究二：城镇化的进程

师：城镇化到底是怎样的一个过程呢？我们再一起来探究。我们先看发达国家、发展中国家和全世界城镇化进程水平变化图（如下图所示），思考问题。

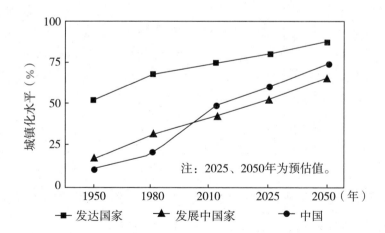

问题1：发达国家与发展中国家的城镇化起步时间有什么差异？

问题2：发达国家与发展中国家的城镇化水平有什么差异？

问题3：发达国家与发展中国家的城镇化速度有什么差异？

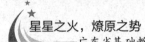

学生讨论并回答问题，教师进行评价，并完成以下表格。

	城镇化起步时间	城镇化水平	城镇化速度
发达国家	早	高	慢—快—放缓
发展中国家	晚	低	慢—快

问题4：为何发达国家与发展中国家的城镇化进程存在这样的差异？

设计意图：学生看图获取信息，对信息进行整理与归纳，可以考查学生对信息的处理和应用能力，培养学生提取信息的习惯，并对信息及时做出归纳和总结，形成结果。

学生思考讨论并回答，教师进行评价，并且引导学生从不同类型国家的发展历史和世界格局变化进行对比探索，尤其是工业化之后、第二次世界大战之后的发展。

活动2：观察城镇化进程图如下图所示，找出城镇化不同阶段的特征，并分析原因。

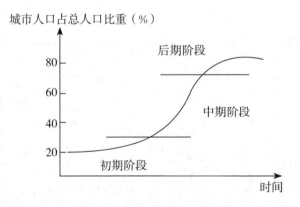

设计意图：通过活动，学生分析图表信息，了解城镇化进程不同阶段特征的形成原因，为后面学习"城镇化带来的问题"做铺垫。

师：从图文信息中我们可以看到，不同的时间阶段，城镇化的进程存在较大的差异，我们再继续研究不同阶段的城镇化究竟有哪些特征。

学生看图回答问题，并总结完成下表。

阶段	特点	原因
初期	城镇化水平较低，但发展速度缓慢	初期发展，基础薄弱
中期	城镇化水平较高，发展速度较快	人口和产业大量向城镇集中，城市的范围明显扩大，郊区成为城市的一部分
后期	城镇化水平高，但人口增长缓慢或趋于停滞	城镇内部出现问题，人口和产业迁往离城市更远的农村，大城市人口减少

活动3：观察中国城镇化进程图（如下图所示），分析中国城镇化进程的特点，说明中国东部和西部城镇化水平差异大的原因。

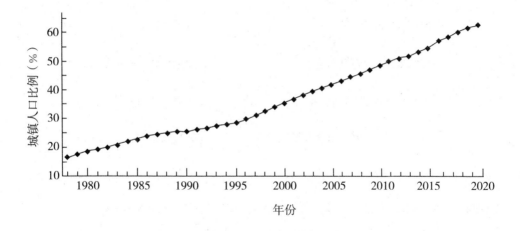

设计意图：分析问题，不仅可以培养学生的综合思维能力，还可以让学生了解中国城镇化的水平和情况，关心国家的发展，培养学生的爱国情怀。

学生进行分析和说明，教师进行点评反馈。

教师补充：我国城镇化起步较晚，但发展迅速，尤其是改革开放以来，城镇化进入了持续稳定快速发展阶段。目前，我国东部沿海地区城镇化水平较高，形成了京津冀、长江三角洲、珠江三角洲等一批城市群，但是中西部地区城镇化水平较低。

探究三：城镇化过程中出现的问题

教师引导：城镇化的不同阶段，我们还能进行更为详细的划分：城镇化—郊区城镇化—逆城镇化—再城镇化。

问题：为什么在中后期会出现逆城镇化和再城镇化？城镇化进程中到底出现了什么问题？

设计意图：通过活动，学生找出城镇化的规律和特征，发现问题，引发思考，并顺理成章地进入"城镇化带来的问题"这一内容，再回答问题。

教师提供一些城镇内部的环境问题和社会问题的图片，学生带着问题看图思考城镇化究竟带来了哪些问题，并完成以下连线。

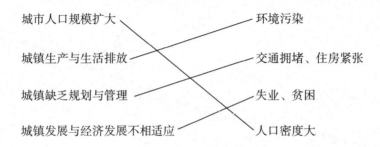

教师引导：由以上内容我们可以发现，如果城镇早期没有进行合理科学的规划和管理，那么发展到一定时期自然会出现各类环境问题和社会问题。人们发现城镇的居住环境质量大大下降，一些经济条件较好的人群，自然会选择远离市中心，到郊区环境优美的地方居住和工作，这便是"逆城镇化"。而政府部门发现市中心人口越来越少，产业也逐渐减少，就需要通过一些优惠政策吸引人们重新回到城市内部。人们在逆城镇化之后，又重新回到市中心生活、工作的现象，我们称之为"再城镇化"。

（三）学以致用，回归现实生活

师：同学们，学习到这里，我们来看看揭阳城镇化进程中的一些数据。

教师展示来自揭阳统计局的部分数据，学生观看并思考。

近年揭阳地区生产总值增速如下图所示。

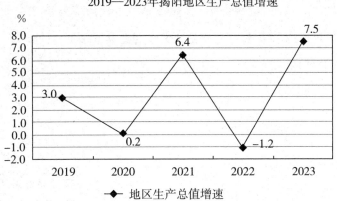

2019—2023年揭阳地区生产总值增速

揭阳市历次人口普查城乡人口比重见下表。

普查年份	总人口（万人）	城镇化比重（%）
2000	523.74	37.91
2010	587.70	47.31
2020	557.78	50.65

问题：揭阳的城镇化水平处于哪个阶段？如何看待？

设计意图：学生通过揭阳城镇化的相关数据，了解揭阳城镇的发展情况，从而培养乡土情怀，真正了解自己的家乡。

学生思考后回答问题，教师进行出评价。

教师补充：从数据中我们可以看到，揭阳地区的生产总值增速虽有所减慢，但仍处于正值，说明地区的经济仍处于增长阶段。近年的城镇人口比重只有50.65%，对照城镇化进程图，可知揭阳目前处于城镇化的中期阶段，要发展到一个很高的水平，还有很长的路要走，有很多的事情要做，这一切都需要在座每一个人的点滴付出和努力。

师：时间关系，我们的课堂即将结束，大家课后继续思考，在日常生活中，遇到了哪些现象显示出我们城镇化进程中的哪些问题，我们下一节课课前继续讨论。

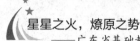
设计意图：留下问题，学生课后继续思考，回答这个问题，需要学生切身体验城市的生活。这不仅能培养学生的思维能力，还能培养学生的日常观察能力，让学生更爱自己的家乡，更加关注家乡的发展和变化。

（四）板书设计

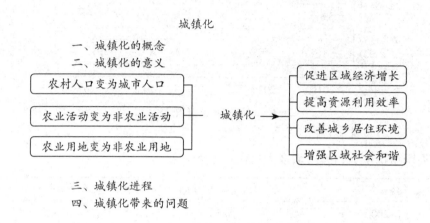

城镇化

一、城镇化的概念
二、城镇化的意义

农村人口变为城市人口
农业活动变为非农业活动
农业用地变为非农业用地

城镇化 →

促进区域经济增长
提高资源利用效率
改善城乡居住环境
增强区域社会和谐

三、城镇化进程
四、城镇化带来的问题

【教学反思】

本设计从揭阳的城市交通发展延伸方向入手，引申到市区过去与现在的面貌，充分利用问题探究驱动任务的形式，引导学生参与课堂的学习，也让他们了解家乡的发展，从而深刻了解和掌握城镇化的相关知识。教学过程中设计了多个探究环节和多个问题，让学生参与思考、合作、讨论、分析，形成相应的结果，锻炼学生多方面的能力，包括与人交流、获取信息、思考分析等，从而提升学生的学科素养。教师也根据学生的答案积极引导和反馈，让学生更加清晰地了解和掌握知识，同时也将知识回归到现实，让学生学习生活中的地理。

这节课的开展，需要学生提前预习知识，对内容进行多方面了解，才能更好地学习和吸收，更主动地参与到课堂的活动中，从而获得更好的学习效果。

（此课例荣获《中学地理教学参考》编辑部举办的2021年全国中学地理教研成果评比活动二等奖）

塑造地表形态的力量

揭阳第一中学榕江新城学校　倪婉玲

【课标要求】

结合实例，解释内力和外力对地表形态变化的影响，并说明人类活动与地表形态的关系。

【教学内容】

"塑造地表形态的力量"是新人教版选择性必修一第二章第一节的内容，教材从宏观角度阐述内、外力作用的能量来源、表现形式及对地表形态的影响，重点在于内、外力作用对地表形态的影响过程。本节课通过户外研学实践和室内学习探究相结合，探索塑造地表形态的力量。

户外研学地点是揭阳空港经济区。具体内容为考察风门古径，寻找风化作用在当地留下的证据，分析风化作用对地表形态的影响；结合花岗岩及相关资料推测景区地貌的形成过程，了解内力作用；探寻京北渡口，分析流水作用对地表形态的塑造过程及人类活动对地表形态的影响。

因为本区域不存在冰川地貌，所以采用室内学习研究——"云研学"方式来探究冰川作用对地表形态的塑造过程。展示实景资料，引导学生从景观图片中分析青藏高原冰川作用对当地地貌的作用过程、结果，突破本课重难点。

【学情分析】

这节课授课的对象是高二年级学生。学生在高一年级学习了常见地貌类型相关内容，对于河流地貌、风成地貌、海岸地貌等有了一定的知识基础。本班学生总体较为活泼，乐于发言，对于研学实践非常感兴趣，对于风门古径、榕江有较多的了解，但更多是停留在对秀美景色的欣赏而没有进行深层次的学科探究。因而本课通过组织学生到风门古径、京北渡口进行研学实践，研乡土地貌，探自然之力，育家国情怀。冰川地貌对于学生来说较为陌生，理解起来有一定的困难。潮汕地区没有冰川地貌景观资源，因此采用"云研学"方式，通过课堂探究突破难点。

【教学目标】

1. 通过野外实地考察，知道风化作用的概念，并分析风化作用对地表形态的影响，学习乡土地质地貌，培养家国情怀。

2. 通过野外研学考察，了解内力作用对当地地表形态的塑造过程，培养综合思维，落实地理实践力培养。

3. 通过野外研学考察，了解流水作用对地表形态的塑造过程及人类活动对地表形态的影响，正确认识人地关系。

4. 结合实景图文资料，分析冰川作用对地表形态的影响过程，对比分析不同区域塑造地表形态的力量差异，培养区域认知，建立内、外力辩证统一，共同塑造地表形态的观点，培养综合思维。

【教学重难点】

1. 根据实景地貌资料，分析冰川作用对地表形态的塑造过程。

2. 结合具体案例学习，建立内、外力辩证统一，共同塑造地表形态的观点。

【教学方法】

（一）研学实践法

组织学生在家乡进行研学实践，让他们了解家乡的秀美山川，从而热爱家乡，培养家国情怀。同时，运用地理学知识解决大自然中的问题，提高学生学以致用的能力，落实地理实践力。

（二）情境教学法

创设完整的情境，设计问题链，循序渐进，层层追问，用问题引导思维，引导学生在具体真实的情境中分析内、外力对地表形态的塑造作用，重视培养学生的综合思维。

【教学过程】

第一环节：研学实践

1. 研学目标

学生通过野外研学实践，实地考察风门古径，理解风化作用的概念，分析风化作用的影响因素及对地表形态的影响，培养综合思维，了解地表形态是内力和外力长期作用形成的结果。

学生通过野外研学实践，实地考察京北渡，识别流水作用形成的地貌，了解流水作用对地表形态的塑造过程，分析人类活动对地表形态的影响。

学生通过野外研学实践，学习地貌观察的基本知识，从而了解家乡，热爱家乡，培养家国情怀。

2. 研学路线

学校—风门古径—京北渡口。

3. 研学情境

（1）风门古径

风门古径位于广东省揭阳市炮台镇石牌村东南5公里处。风门古径由花岗岩

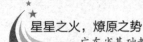

构成，山貌多岩石裸露。花岗岩表层在外力作用下层层剥落，残余部分多呈球体或类似球体，外形浑圆，形状奇特，这种地貌被称为"石蛋"地貌。

风门古径是桑浦山四大田门之一。据考察，桑浦山于8 900万年前形成，以北东走向断裂为主，北西向断裂与北东向相互交切，生成各种花岗岩洞和温泉。山麓保存有不少海蚀遗迹。

研学任务：①寻找风门古径风化作用形成的地貌景观，分析风化作用的影响因素及对地表形态的影响；②观察土壤剖面，说明雨水对土壤的作用过程，分析侵蚀作用对地表形态的影响；③结合风门古径周围地貌景观，推测风门古径地貌的形成过程。

（2）京北渡

京北渡位于榕江南河下游，为揭阳通潮阳之要津。渡口一带土地平整，道路畅通，地肥水美。渡口往北200～300米，有个采砂场。采砂船从河流中采砂后运往采砂场进行洗砂，处理后的沙子可以作为建筑材料使用。采砂场运营已有30多年，2017年5月起，榕江南河全面禁止采砂。

研学任务：①根据实地考察，判断京北渡所处地貌类型，说出砂石颗粒物的特征，并说明形成过程；②根据实地考察，分析采砂活动对地表形态的影响。

4. 研学过程

研学点1：风门古径观地貌，风化证据细探寻。

教师活动	学生活动	设计目的
引导学生观察风门古径地貌景观野云岩、阳元石、根劈作用下的岩石。	寻找风化作用的证据，分析风化作用的影响因素及风化作用对地表形态的影响。	1.开展研学实践，在真实的情境中让学生亲身体验，激发学生的探究热情。
引导学生观察土壤剖面，说明雨水冲刷侵蚀作用的过程。	观察土壤剖面，说明雨水冲刷侵蚀作用的过程。	2.引导学生在大自然中学习地理知识，在真实情境中发现问题，探究问题和解决问题。
介绍桑浦山的地质背景，引导学生观察周围的地貌景观。	观察周围的地貌景观，结合图文资料，描述风门古径的形成过程。	3.分析当地营造地表形态的力量，建立内、外力辩证统一，共同塑造地表形态的观点。 4.考察乡土地貌景观，了解家乡，热爱家乡。

研学点2：京北渡口探榕江，人为力量改地貌。

教师活动	学生活动	设计目的
引导学生观察河流地貌，判断地貌类型，分析流水作用对地表形态的塑造过程。	观察渡口周围地貌，判断所处地貌类型，说出砂石颗粒物的特征，说明流水作用对地表形态的塑造过程。	1.引导学生判读眼前所见的地貌景观，分析人类活动对地表形态的影响，培养综合思维，正确看待人地关系。
组织学生进行考查，理解采砂活动对地表形态的影响。	分析采砂活动对地表形态的影响。	2.从乡土地貌中探寻知识，提高课堂"温度"，提高课堂的感染力和号召力，落实学科育人价值。

第二环节：课堂教学

1. 教学情境

大约6 500万年前，一路向北漂移的印度洋板块与欧亚板块迎面相撞，这次碰撞速度之快，能量之大，引发了规模空前的地表隆起，逐渐形成了今天的青藏高原。

在青藏高原绵延千里的群山上，积雪不断压实结晶，形成了7万多条冰川，对当地地表形态产生了深远影响。

2. 探究任务

根据景观图片，分析青藏高原岩石风化作用（冻融风化）的形成原理，比较青藏高原和风门古径两地风化作用的差异。

结合图文资料，分析青藏高原冰川广布对地表形态的影响。

比较分析青藏高原冰川堆积地貌和京北渡流水堆积地貌的差异。

课堂实施：青藏高原探冰川，"云端研学"解难题。

教师活动	学生活动	设计目的
展示青藏高原拉姆拉错景观图片，提出问题，引导学生探究思考。	1.根据景观图片，分析青藏高原岩石风化作用（冻融风化）的形成原理。 2.比较青藏高原岩石和风门古径两地风化作用的差异。	1.运用地理学科独特视角看地貌景观，探究、分析、解决地貌景观背后蕴藏的问题，有利于形成真正意义上的学科素养；乘势追问，利于把问题引向更深层次的思考，引向深度学习。

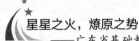
续表

教师活动	学生活动	设计目的
追问：冰川的存在给当地地貌带来什么样的影响。	学生以小组为单位进行探讨，思考青藏高原冰川广布对地表形态的影响。	2.分析冰川的存在对于地表形态的塑造影响，致力于培养学生解释、分析相关学科现象、过程、问题的意识、角度和眼光，让学生进行深度思考。
提出疑问：两张图片，哪张是在拉姆拉错拍摄的。	比较分析冰川堆积地貌和京北渡流水堆积地貌的差异。	

第三环节：成果展示

1. 教学情境

我们通过实地研学实践考察了风门古径和京北渡，以"云研学"的方式考察了青藏高原。接下来请同学们绘图、撰写解说词介绍这3个研学地点，分别解释和说明塑造风门古径、京北渡、青藏高原地表形态的力量。

2. 探究任务

教师活动：组织学生对图、解说词进行点评。（生生互评，师生点评）

学生活动：绘图、撰写解说词，总结地表形态的力量来源、作用过程及造成的影响。

【思维导图】

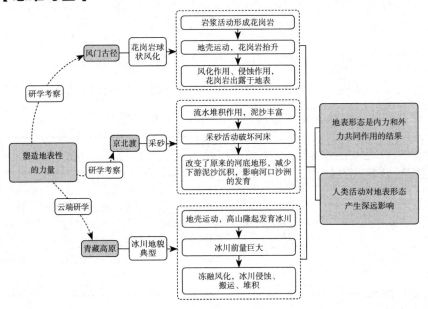

【教学反思】

本节课以户外研学和课堂教学相结合，以户外研学的形式学习乡土地理中的相关知识，以课堂教学的方式对难以到达的典型地貌地区进行"云研学"，创设完整情境，以研学考察的形式，让学生参与、体验知识产生和运用过程的情境，直观、有意义并且快乐地学习、理解、建构学科知识，体验学科之美，从而引导学生培养他们对学科的热爱和崇拜，对学科产生持续的兴趣。

以问题为导向，设置问题链，帮助学生构建知识体系，在解决地理问题的过程中提高学生综合思维。从揭阳到青藏高原，从身边乡土地理到远方典型地貌区域，重视培养区域认知。师生跋山涉水，从二维的书本知识走向三维的大自然课堂，运用已学知识探究大自然真实情境中的问题，学以致用，探究乡土地貌景观的前世今生，用地理的眼光考察乡土，用发展的眼光推测未来，增强热爱家乡的情感，彰显培养家国情怀的学科价值。

（此课例荣获广东教育学会中学地理教学专业委员会举办的2021年广东省中学地理教学设计评选活动一等奖）

跟着库克团队去考察

——澳大利亚

揭阳第一中学榕江新城学校　倪婉玲

【教学目标】

运用图文资料，分析澳大利亚的地理位置、地形、气候类型等自然地理特征，培养区域认知。

结合图文资料，分析区域地理要素之间的相互联系，从大气环流、海陆位置、地形、洋流等角度分析气候成因，培养综合思维。

结合具体案例，了解地理发展史，引导学生运用地理视角看待事物，提高地理实践力。

【教学重难点】

1. 澳大利亚东北部热带雨林气候的成因。

2. 澳大利亚气候、植被等要素之间的关联。

【教学方法】

（一）情境教学法

组织完整的故事情境，设计多个问题组，由易到难，循序渐进，引导学生认识澳大利亚的地理位置、地形、气候，培养区域认知。以问题为引领，引导学生分析地理要素之间的相互联系，理解特定区域的自然地理特征，进而归纳自然环境的整体性和差异性，培养学生的综合思维。

（二）小组合作探究法

组织学生分组合作，对难度较大的问题进行探究、交流、总结、汇报，培养学生合作探究的能力。

【教学过程】

很久很久以前，人们认为在南半球有一块巨大的大陆，但经过了漫长的岁月，始终都没有人发现这块神秘的大陆。直到1769年，英雄人物出现了。英国航海家詹姆斯·库克带领着"奋进号"，从伦敦出发，一路往南，在海上漂泊了许久，终于在1770年的某一天找到了这块神奇陆地！此时的他激动不已，立马写信向国王乔治三世介绍这一块神奇大陆。

请大家协助库克船长，描述澳大利亚的地理位置、地形和气候类型。现在请同学来汇报。

设计意图：创设真实具体的情境，引起学生一定的态度体验，激发学生的学习热情，引导学生在情境中发现问题，探究问题和解决问题。

学生提前做好知识归纳：对澳大利亚的地理位置、地形、气候等进行归纳总结。课堂展示中，引导学生对区域地理特征描述的方法进行总结。

揭秘：悉尼植物湾班克木属植物

小伙伴班克斯——英国著名生物学家，他在悉尼海湾附近发现了许多植物，并给当地起名"植物湾"。在考察中，班克斯发现了这种植物（展示图片），见它长得古怪，班克斯便采集了标本准备带回英国。通过走访当地人，他们发现：

班克木属的173种植物中，除了齿叶班克木还出现在巴布亚新几内亚和阿鲁群岛等地，其他全都是澳大利亚特有种。班克木属植物适应性强，能在不同环

161

境中生长，从高山、沿海到沙漠地带均有分布。

问题：分析澳大利亚班克木属植物种类丰富且独特的成因。

设计意图：学生从图片材料中，分析澳大利亚班克木属种类丰富且独特的原因，考查学生多个角度分析地理事物的能力。学生解决问题需要调动多方面知识经验及多种能力，在这个过程中进行小组合作探究，可以共同构建知识框架，并进行解题思路的总结归纳，发展综合思维。

揭秘：昆士兰潮湿丛林

"奋进号"并没有停下脚步，他们迫不及待地继续往北。因为触礁，"奋进号"险些翻船，他们撞上的是澳大利亚大堡礁。库克当机立断，停靠岸边，在昆士兰州凯恩斯市附近修理船只。这个时候他们发现了密不透风的潮湿丛林。丛林中树木高大，翠绿的蔓藤缠绕树间，生态系统十分丰富，还有种奇妙的现象——原生树被寄生树侵占，慢慢被消灭。

问题：推测丛林所属植被类型，并解释其成因。

设计意图：引导学生思考澳大利亚东北部热带雨林气候的成因，突破重难点。学生动笔组织答案，切实提高表述能力。分析气候成因并进行小结归纳，提取出影响气候的主要因素，加深学生对基础原理的理解。

揭秘：达尔文酒瓶树

经过了一个多月的修理，船只修好并继续前行。很快，他们到达澳大利亚北部达尔文市附近，这里的一种植物引起了库克团队的注意。

酒瓶树，热带树种，耐旱、耐热，根系发达，一般树高10～20米，树腰直径可达3.5米，树干木质疏松，中部膨大，呈瓶子状，具有储蓄水分的作用。

问题：结合图文资料，说明酒瓶树所在区域的气候及酒瓶树耐旱的原理。

设计意图：乘势追问，利于把问题引向更深层次的思考，培养学生解释分析相关学科现象、过程、问题的意识、角度和眼光。分析植被与气候要素之间的联系，引导学生更好地理解自然环境的整体性原理。

课后探究

紧接着，库克团队便回到了英国。而乔治三世派发给他们一个新任务——对澳大利亚进行开发，将羊和兔子引进澳大利亚，课后大家结合所学知识，帮助库克完成这个任务。

设计意图：课后探究运用已学知识中分析自然地理环境与农业之间的联系，在实际运用中加深对地理要素之间的相互联系等相关知识的理解，实现知识迁移。

【教学反思】

以真实的历史故事情境贯穿整节课进行教学，寓教于乐，学生学习积极性高。以学生为主体，重视必备知识和关键能力的学习与培养，通过设置探究任务、问题，在解决地理问题中提高学生综合思维。让学生在复杂而具有开放性的现实情境中解决有意义的真实任务，在认识澳大利亚自然特征及相互联系的地理要素的过程中提高区域认知，建构区域地理学习的基本方法，发展核心素养。

（此课例荣获广东教育学会中学地理教学专业委员会举办的2022年广东省中学地理教学设计评选活动一等奖）

热力环流

——揭阳惠来滨海乡镇

揭阳华侨高级中学　林梓枫

课题名称	热力环流——揭阳惠来滨海乡镇。
课标要求	运用示意图等，说明热力环流原理，并解释相关现象。
教材分析	本节教学内容选自普通高中地理教科书（人教版）必修一第二章第二节"大气受热过程和大气运动"，是"大气运动"这个重要内容的开篇和基础性的内容。"地球上的大气"这一章各部分内容前后之间的关联性很强，热力环流是大气运动的一种最简单的形式，也是学生理解大气运动这部分内容最基础的知识和最佳切入口，对于理解由于热力原因而引起的大气运动、学习大气环流具有很大的帮助作用。因此，学好这部分内容是学好大气运动的基础，有助于为下节学习大气环流中的三圈环流及季风环流做好铺垫，对后面海—气相互作用的学习也有一定帮助。
学情分析	大气这一部分知识对于高一的学生来说还是较难掌握的。课前学生已具备相关知识基础，如大气压强与海拔的关系、大气辐射的纬度分布不均、物体的热胀冷缩等。但由于学生的空间感不强，很少能将生活中熟悉的自然地理现象与相关大气的知识联系起来，学生对大气总是感到既陌生又熟悉，学习起来具有一定难度。
设计思路	以惠来这座海滨乡镇作为本节课的情境背景。主要设置情境探究一，惠来海滨度假村海陆风的转变——学生学习热力环流原理及其过程；情境探究二，惠来风车发电——海陆风下冬天出现日数更多，学生对海陆风的形成进一步了解与分析；情境探究三，惠来凤梨的生产——山谷风对农业生产的影响。其间穿插海陆风对惠来发展的影响相关材料，激发学生对家乡的热爱之情。

续 表

教学目标	综合思维：理解热力环流的原理和过程，利用其原理解释生活中的现象。 区域认知：地理现象在不同空间尺度上的体现。 人地协调观：树立可持续发展理念，培养热爱家乡、建设家乡的责任感。 地理实践：绘图能力，利用热力环流原理解决生活中的问题。	
教学重点难点	热力环流的原理及其形成过程；热力环流的应用。 运用热力环流的原理思考解决生活中的问题，绘制热力环流示意图。	
教学方法	情境教学法、启发式教学法、探究式教学法、小组讨论法。	
教学环节	教学过程	设计意图
导入情境、基础回顾（5分钟）	导入情境： 图片展示惠来近几年的发展，如广东石化炼化一体化项目的落地、惠来海上风电的发展、惠来特色农业、惠来县凤梨产业园、广东工业大学揭阳校区的建设、海滨度假村的美景…… 以高一学生小雅暑假去惠来海滨度假村拍摄的写真照片为情境导入，小雅在拍摄中不禁疑惑：为什么白天面朝大海能拍出美美的照片，而到了晚上面朝大海却发型凌乱？此问题引发学生思考，引出热力环流这一知识点。 基础回顾： 气压的概念、大气压强与海拔的关系、气压与冷热不均相关知识点，让学生联系生活实际中冷热不均导致空气产生运动的例子，如火锅的热气、冰箱的冷气等。	展示惠来近几年的迅速发展，激发学生对家乡的喜爱之情。 以学生熟悉的情境导入，激发学生的学习兴趣。 补充相关内容，为研究热力环流做好铺垫。 引发学生思考，联系生活实际，发现生活中的地理现象。
情境探究一：通过海陆风学习热力环流原理及形成过程（12分钟）	情境探究一：海滨度假村白天与夜晚风向不同的原因。 代入情境，通过度假村与海边的受热不均变化引起的热力环流来学习该原理。 学生绘图解答：学生根据大气压强与海拔的关系、物体的热胀冷缩等基础知识，自行绘制热力环流示意图，解答为什么白天面朝大海，海风吹拂着脸颊，晚上面朝大海，海风却从背后吹来。 总结：热力环流的根本原因是地面受热不均。 学生归纳总结热力环流形成过程：地表冷热不均—空气的垂直运动—同一水平面上产生气压差异—空气水平运动。	设置一定的教学情境，联系生活实际，有利于学生建立学习内容与生活的联系。 集中学生注意力，激发学生学习热力环流的兴趣及动机。 培养学生的绘图能力及解决地理问题的能力。

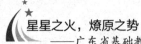
续 表

教学环节	教学过程	设计意图
	情境探究二：与冬季相比夏季海陆风更明显的原因。 当地人推荐小雅夏天去靖海镇坂美村风车半岛游玩。小雅观察风车的转速发现下午风车转动速度更快，当地人说夏天风车转动更明显些。 回来后，小雅通过气象局得到数据：惠来县海陆风日数的季节分布平均日数。从数据中可以看出，与冬季相比，夏季海陆风频率更高。	学生读图，提高学生分析材料并进行归纳总结的能力。 培养学生自主学习和探究的能力。 培养学生合作学习的能力。
情境探究二：进一步探究海陆风（8分钟）	小组探究白天风速更强，与冬季相比，夏季海陆风更明显的原因。 根据热力环流的原理，由夏季海陆风更明显反推出夏季温差更大，白天温差也更大，因此海陆风出现天数更多，下午海边风速更大，让学生进行思考总结：温差越大，热力环流越明显。 同时，冬季海陆风不明显是因为冬季风更为强劲，由此可以发现：热力环流分为大尺度与小尺度，小尺度的海陆风会受到大尺度的季风环流的影响。	提高学生解决实际问题的能力，运用地理原理去解释自然地理现象。

续 表

教学环节	教学过程	设计意图
拓展思维：海陆风的作用（5分钟）	拓展思维：海陆风对人类生活的影响。 当地人民还告诉小雅，现在惠来的发展越来越好，海上风车产业和中石油广东石化炼化一体化项目均是落户在惠来的大型项目。 海陆风助力于惠来两大战略性支柱产业：海上风车产业和中石油广东石化炼化一体化项目。 情境思考：在什么时候排放大气污染物比较合适？ 近年来大型能源、石化及配套项目相继落户惠来，合理安排大气污染物排放时间对于提高大气环境质量具有重要意义。那么，在什么时候排放大气污染物比较合适？ 学生解答：夜间，滨海陆地产生的大气污染物被陆风带到海上，从而缓解了滨海陆地的环境污染问题。 	将所学知识及时运用于实际问题，学以致用。树立正确的人地协调观。
情境探究三：惠来凤梨种植与山谷风（8分钟）	情境探究三：惠来凤梨种植与山谷风，根据本节课所学知识，探究山谷风及其应用。 小雅暑假游玩时还品尝到了当地的凤梨，据当地人民介绍，这是他们的特色农产品。 播放视频，展示惠来的特色优势农业——凤梨。凤梨成熟时，惠来被《南方日报》赞为"满山凤梨香"。 小组探究： 视频中提到，凤梨被惠来的大山怀抱着，那么冬季夜晚，②地的凤梨比①地的凤梨更易受低温冻害影响的原因是什么？绘制山谷风示意图。	促进学生之间的合作交流，提高学生自主学习的能力，增强学生的综合思维能力。 在知识之间建立起联系，有益于构建学科的体系。

续 表

教学环节	教学过程	设计意图
情境探究三：惠来凤梨种植与山谷风（8分钟）	 引导学生思考，指导学生绘图，学生进行归纳总结，完成知识的迁移应用。 学生解答：冬季夜晚，坡顶近地面因辐射冷却气温降低，冷而重的空气沿山坡下沉到②地（河谷），使②地（河谷）气温较高的暖空气被抬升到上空，导致②地（河谷）冷而①地（山坡）暖，因此，②地（河谷）的凤梨比①地（山坡）的凤梨更易受低温冻害的影响。	培养学生的地理实践力、绘图能力。 培养学生的知识迁移能力，举一反三。
课堂小结（2分钟）	引导学生回顾本节课所学的知识，梳理本节课的知识点，包括重点和难点，用列重难点的形式能让学生更加了解本节课所学知识。	引导学生在学习中思考与总结，最后内化为自己的知识。
作业布置	思考气温、气压、气流三者之间的关系。 教材37页城市热岛环流的学习，绘制城郊风示意图。	巩固学生知识。

参考文献：

[1] 黄天宋，王志春，林巧美，等.惠来县海陆风环流地面气候特征分析[J].广东气象，2012，34（3）：26-28.

（此课例荣获广东教育学会中学地理教学专业委员会举办的2022年广东省中学地理教学设计评选活动二等奖）

常见天气现象分析

——雾

揭阳第一中学榕江新城学校　刘晓虹

【课标要求】

运用示意图等，说明大气受热过程与热力环流原理，并解释相关现象。

运用示意图分析锋、低压（气旋）、高压（反气旋）等天气系统，并运用简易天气图解释常见天气现象的成因。

【考情分析】

高考以知识为基础，注重对地理基础知识、基本概念和原理的考查。例如，2021年广东卷12～14题，以辐射逆温为背景材料，知因索果，以辐射逆温形成原理来推测辐射逆温发生地区，考查考生的知识迁移能力与逻辑推理能力。该题组提供了辐射逆温的概念，未考查记忆性的知识，却注重考查地理原理的理解和应用。

【学情分析】

本节课是高三二轮微专题复习课。在一轮复习后，学生应掌握大气受热原理、大气运动规律、气候分布及成因、常见天气系统等相关基础知识，具有分析一般常见天气现象的知识储备。但在多次模拟考中该模块的得分率较低，学生在具体问题情境中利用材料信息对天气现象进行辨别、分析的能力不足，知识迁移能力有限，原理性知识理解不透彻是主要的问题。

【教学目标】

1. 学生通过学习探究，能说出雾形成的一般条件。

2. 能运用图文资料，绘制简图，用文字说明不同时空背景下雾的形成原因。

3. 对比其他常见天气现象如降雨、霜等，指出形成原理的相同和不同之处。

（这3个学习目标是能力进阶的过程，最基本的要求是掌握雾形成的原理，对大部分学生来讲，本节课要学会利用原理去分析不同时空背景下雾的成因；对于程度好一些的学生，要求他们能够去对比与雾类似的一些天气现象的形成原理的相同和不同之处，这样的设计是为了满足不同层次学生的发展需求。）

【教学重难点】

1. 雾形成的一般原理。

2. 雾形成过程的分析。

【教学方法】

情境教学法、合作探究法、案例分析法、三板与多媒体融合教学法。

【教学过程】

环节	内容	设计意图
（一）神奇水资源	南美洲西部的阿塔卡马沙漠是世界上最干燥的地区之一，平均年降水量不到1 mm，被称为世界的"旱极"。阿塔卡马沙漠南缘有个叫丘贡戈的海边渔村，几十年前这里的人因缺水，一年也难洗一次澡，而现在他们养花种菜都不是问题，这得益于一种"神奇的水资源"。	利用视频创设情境，引出问题。该视频对当地的一些自然地理条件，以及雾的形成过程讲得比较细致，但是它没有涉及原理知识，只是描述过程，十分适用。

环节	内容	设计意图
（一）神奇水资源	①观看视频，留意这种"神奇的水资源"是如何形成的。 ②结合区域图，说明世界"旱极"阿塔卡马沙漠为什么多雾，画出简图，并描述雾的形成过程。	通过视频和图文材料让学生形成对该区域的认知，锻炼学生综合分析的思维。 通过此活动，学生对雾的形成有了基本的认知。
（二）取水的最佳季节	在丘贡戈，有200余天被大雾笼罩，当地人在山坡上竖起很多塑料大网，大网下方设有水槽，可以把从网上流下来的水引向一个蓄水池，对于滴水如油的沙漠村庄来说，这是一笔巨大的财富。 ③根据该地海雾的形成原理，推测利用海雾取水的最佳季节，并说明理由。 答案是夏季。夏季空气湿度大，与海面的温差也大，形成雾的频率高，雾气浓，且持续时间长。	深化理解，培养学生的人地协调观。通过第一个环节，学生可以知道水汽及凝结的条件影响雾的形成。当学生能够推测出最佳的季节是雾气最大的季节，即夏季时，那么他们对雾的形成也就有了更深一层的理解——凝结条件与温差大小有关。
（三）取水方法借鉴	④世界上有许多地方的水资源也比较稀缺，观察地图，你认为以下哪个地区可以借鉴此方法获取淡水资源？（　　） A.我国西北地区　　B.马达加斯加岛 C.波斯湾沿岸　　D.澳大利亚西海岸地区	此海雾现象并不是当地所特有的，在一些共性的条件下，其他区域也可以形成相似的雾，在此分析过程中锻炼了学生的地理实践力。
（四）沙漠花海是异常现象	当地时间2021年10月7日，阿塔卡马沙漠一夜之间变成花海，网友直呼很浪漫，专家称这是厄尔尼诺异常降雨导致的。 ⑤阿塔卡马沙漠多雾却少雨的原因是什么？ 智利西海岸大部分地段受南太平洋副热带高压影响，气流下沉作用显著；大陆岸外有强大的秘鲁寒流流经，沿海空气与寒冷水面接触，下层冷却，形成稳定的逆温层，冷湿气流无法上升形成降雨，便只能维持大雾笼罩的形态。	结合新闻时事，引出问题探讨——当地多雾却没有办法形成降雨的原因，点出雾形成时大气相对是比较稳定的，它可能可以进行一定的水平运动，但对流上升肯定是比较弱的，同时为后面更高层次学生对比降雨形成原理做铺垫。

续 表

环节	内容	设计意图
（五）身边"雾气"说说看	⑥请各小组选择其中一种现象绘制简图进行成因分析。 案例一：2022年2月，清晨六点半，学校操场东侧的绿地出现了雾气。 案例二：2021年4月，楼梯湿漉漉，走廊湿漉漉，到处湿漉漉，窗外大浓雾。	选用实际生活中的现象，拉近知识与生活的距离，提高学生兴趣，锻炼学生知识迁移运用的能力。
（六）总结点拨	⑦在学生交流展示后进行点评总结，归纳雾形成的一般原理和常见的类型，并点拨层次较高的学生对比总结原理类似的天气现象。 形成的条件：一是冷却，二是加湿，增加水汽含量。种类有辐射雾、平流雾、混合雾、蒸发雾等。 	归纳总结，构建思维。

【教学反思】

本节课内容对学生上阶段基础知识的掌握情况要求较高，如果学生基础知识掌握不扎实，那么课前应该采用作业、思维导图或问题探究等形式对相关基础知识进行梳理回顾。本课对于原理知识迁移运用水平较低的学生来讲难度较大，课堂中应多关注普通学生的学习，加强引导，以达到学习目标。

天气现象在生活和新闻中的案例较多，但因涉及原理迁移运用，在情境创设中可能会出现跳脱情境的情况，这是我在创设情境过程中遇到的一个难点。本节课采用联系实际的角度进行迁移并放在课程最后，以保证情境的完整。

本节课主案例情境中大气受热原理和天气系统对天气现象形成的作用没有明显体现，我采用了能力迁移案例进行补充，但这仍是本节课的一大缺憾，容易导致主案例的分析作用不突出，因此情境的选取和创设还有待改进。

内容较多，课堂时间有限，当堂无法进行考题的讲练结合，如几次模拟考中涉及的青岛、大连的"海浩"现象及渤海地区的冬季海雾等。

（此课例荣获广东教育学会中学地理教学专业委员会举办的2022年广东省中学地理教学设计评选活动二等奖）

常见地貌类型

——喀斯特地貌

揭阳第一中学榕江新城学校　郑艺钰

【课标要求及教材简析】

《普通高中地理课程标准（2017年版）》对常见的地貌类型的内容要求为，通过野外观察或运用视频、图像，识别3~4种地貌，描述其景观的主要特点。人教版高中地理教材（2019年版）在必修第一册第四章第一节安排了"常见地貌类型"的学习内容，第一课时为"喀斯特地貌"。教材提供了丰富的图文资料和活动来落实课标要求。结合课标要求和教材内容，将本节课的课标要求细分为3个方面：通过实地观察或运用视频、图像等资料，让学生辨识不同的喀斯特地貌景观，描述喀斯特地貌景观的特点；理解斯特地貌的形成原因及其与自然地理各要素的相互关系，并说出不同时空尺度下不同喀斯特地貌景观的形成演化过程；举例说明喀斯特地貌与人类生产生活的关系。

【学情分析】

本节课的授课对象为高一学生，高一学生在初中阶段已经对一些常见的地貌有了感性认识，对喀斯特地貌也有了一定的了解，但都停留在粗浅的识别层次，缺乏从时间及空间维度对喀斯特地貌的形成过程和分布特征等的了解。在能力层面上，学生已具备一定的读图分析和获取关键信息的能力，但缺乏综合分析和知识迁移应用能力；在生活层面上，学生在生活中通过电视、广告、旅游等对喀斯特地貌有一定的认识和了解，但缺乏从地理视角去鉴赏的能力。

【教学目标】

通过实观察视频、图片等资料，辨识喀斯特地貌，描述喀斯特地貌景观的主要特征，落实地理实践力；通过分析各地理要素，理解喀斯特地貌的成因及演化过程，训练综合思维；结合实例，分析不同地区喀斯特地貌对人类生产生活的影响，理论联系实际，提高探究能力的同时提高区域认知能力，树立人地协调观。

【教学重难点】

1. 识别喀斯特地貌，描述喀斯特地貌景观的特征，理解、描述其形成过程，分析喀斯特地貌与人类活动的关系。

2. 结合野外观察或实地景观图片，描述喀斯特地貌景观特征，描述其形成过程。

【教学过程】

本节内容主要利用情境教学法，通过电影《峰爆》的故事情节创设情境，以小组活动和个人探究等学习方式落实地理学科核心素养。以下为本节课的教学过程。

教学环节	主要教学活动	设置意图
导入新课	播放视频：播放电影《峰爆》的片头，展示喀斯特地貌景观。 提问：视频中出现的地貌有何特点，属于什么地貌类型？ 学生活动：学生观看视频回答，地表起伏不平，形态各异。 提示：该地貌属于喀斯特地貌。	利用电影来引起学生的兴趣，引出这节课的教学内容。

续 表

教学环节	主要教学活动	设置意图
喀斯特地貌的定义、形成条件和分布	提问：什么是喀斯特地貌？ 学生活动：阅读课本，回答喀斯特地貌的概念。 可溶性岩石在适当条件下，溶于水并被带走或重新沉淀，从而在地表或地下形成形态各异的地貌，统称喀斯特地貌。 提问：可溶性岩石是如何溶于水并被带走的，又是如何重新沉淀的呢？请同学们阅读资料卡，进行小组讨论，归纳石灰岩溶蚀或沉淀发生的条件。 资料卡： 石灰岩被水溶蚀：$CaCO_3+H_2O+CO_2=Ca（HCO_3）_2$ 水中的二氧化碳主要来自大气流动、有机物在水中的腐蚀和矿物风化，流动的水能使二氧化碳得到及时的补充。湿热气候条件下，土壤中的二氧化碳含量比空气中高数十倍，并且温度每升高10℃，化学反应速率通常增加到原来的2～4倍。 碳酸钙沉淀：$Ca（HCO_3）_2 \xrightarrow{\triangle} CaCO_3\downarrow +CO_2\uparrow +H_2O$ 如果溶有碳酸氢钙的水受热或遇周围压强突然变小时，那么其中溶解的碳酸氢钙就会分解，重新变成碳酸钙沉积下来。 学生活动：阅读资料卡，小组讨论并归纳石灰岩溶蚀或沉淀发生的条件。 石灰岩在湿热环境下，被流水溶蚀。温度升高或压强变小时，二氧化碳逸出，水分蒸发，碳酸钙沉淀。 提问：据此，请同学们归纳喀斯特地貌形成的条件。 学生活动：归纳喀斯特地貌的形成条件，具有流动的水；湿热的气候；岩石具有可溶性；岩石有裂隙。 出示：我国气候分布图和可溶性岩石分布图。 提问：推测我国喀斯特地貌典型的地区。 学生活动：学生回答，我国的广西、贵州、云南等地喀斯特地貌最为典型，分布最为广泛。	让学生通过图文资料阅读、分析，理解喀斯特地貌的定义，小组协作归纳石灰岩溶蚀和沉淀发生的条件，并进一步归纳喀斯特地貌形成的条件，再由此推测出喀斯特地貌在我国的分布地区，培养学生的图文分析能力、小组协作能力，通过层层递进的问题链，促进学生综合思维的形成。
喀斯特地貌的类型	承转：电影《峰爆》就是在贵州遵义拍的，我们刚刚看的电影《峰爆》的片头就是贵州地表喀斯特地貌的实景。形态各异的地表喀斯特地貌是如何形成的呢？ 提问：请同学们根据课本上的地表喀斯特景观演变示意图描述其高低起伏的变化趋势，并推测地表喀斯特地貌的形成过程。	

教学环节	主要教学活动	设置意图
喀斯特地貌的类型	 溶沟　　　　　洼地　　　　　峰丛  峰林　　　　　孤峰　　　　　残丘 学生活动：观察地表喀斯特地貌景观图片，结合地貌观察法，从规模、形态、地貌组合等角度切入，描述各阶段喀斯特地貌的特征，并得出"各阶段的喀斯特地貌是在流水的不断溶蚀下形成的"的结论。 提问：根据下图分析峰林与峰丛景观特征的异同点，并画出示意图。  峰丛和洼地景观 　　　　峰林和平原景观 学生活动：看图比较峰丛与峰林景观特征的异同点，相同点都是锥状耸立的山峰；不同点为峰丛是基座相同而峰顶分离的山峰，而峰林为底座几乎不相连的分散的山峰。一位学生到黑板上画出峰林与峰丛，要求体现它们的异同点，其他同学自己画。	通过再次回顾开头电影《峰爆》片头展示的地表喀斯特地貌，引出各式各样的地表喀斯特地貌。 再让学生观察喀斯特景观演变图，描述喀斯特地貌的特征和形成过程，让学生体验地理的时空变化特征。 让学生绘制峰林与峰丛景观示意图，培养学生的地理实践力。

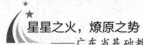

续表

教学环节	主要教学活动	设置意图
喀斯特地貌的类型	峰丛　　　　　　　　峰林 承转：电影里主角的父亲掉入溶洞中，一行人看到了溶洞里奇特的"石膏晶花"。 石膏晶花 Gypsum crystal flower 提问：同学们能否根据前面所学推测溶洞里的"石膏晶花"是如何形成的呢？ 学生活动：学生根据所学推测，"石膏晶花"是渗流水流入洞顶后因温度、压力的变化，二氧化碳逸出，水中碳酸钙过饱和沉淀形成的。 出示：溶洞内的其他喀斯特地貌，如石钟乳、石笋、石柱等，让学生简单描述其特点和形成过程。 出示：学校里"疑似喀斯特地貌"图片（图略）。 讲解：由于学校墙面的石灰也含有碳酸钙，当墙面漏水时，就有可能形成类似喀斯特地貌的溶蚀和堆积现象。同学们课后可以在其他地方找找有没有类似的现象。	由电影里主角在溶洞的见闻引出地下喀斯特地貌的讲解。 通过推测电影内提到的溶洞里的"石膏晶花"的形成过程，让学生进行知识的应用和能力的提升。 通过寻找学校里"疑似的喀斯特地貌"，让学生体会到生活中处处有地理。
喀斯特地貌的影响	承转：电影里，隧道工程师在隧道挖掘的过程中遇到了一次严重的透水事件。 提问：为什么会透水？在此修铁路一定要开隧道吗？喀斯特地貌会给贵州省铁路建设带来哪些困难？ 学生活动：学生讨论回答，喀斯特地貌广布，地形地质构造复杂，地质灾害多发；河网密布，多地下暗河；地形起伏大，桥梁、隧道里程长；可溶性岩石会发生溶蚀作用，导致岩层不稳定；施工难度大、工期长、投资大。	由电影里的隧道透水情节引出喀斯特地貌对交通建设的影响，从微观入手，让学生体验喀斯特地貌的影响。

续 表

教学环节	主要教学活动	设置意图
喀斯特地貌的影响	升华：我们都说"要想富先修路"，但是我国云贵等喀斯特地貌广布的地区由于喀斯特地貌的影响导致修路困难重重。这加剧了云贵地区的贫困，但是我们中国有电影主角一样的隧道工程师，主角父亲一样的老一代铁道兵，他们通过一代代的努力、付出，奇迹般地在中国西南修起了一条条交通路线，使得天堑变通途，使得云贵贫困山区的人们也走上了小康之路。 出示：震撼人心的贵州铁路高桥图片。 课后任务：喀斯特地貌还会造成怎样的影响，我们能不能利用喀斯特地貌，化劣势为优势？请同学们完成课本68～69页的活动——分析世界最大单口径球面射电望远镜选址贵州平塘的原因。	升华学生情感，提高学生的民族自尊心和自信心。加强学生的知识应用和巩固。
知识小结	通过结构图梳理本节知识点。	梳理重点知识，构建知识结构。

【教学反思】

本节内容主要利用情境教学法，通过电影《峰爆》的故事情节创设情境，同时又以电影拍摄地贵州为载体，将情境真实化。本节课通过设置问题链来训练学生思维，通过学生小组活动和个人探究活动调动学生自主性的同时营造良好的课堂氛围，让学生有参与感和体验感。在最后通过对中国工程师、中国铁道兵的致敬，升华了学生情感，提高了学生的民族自尊心和自信心。

在本节课的教学中，学生主体性的体现还比较欠缺，有待改进。学生地理学科核心素养的培养是一个漫长的过程，我们要从本职工作出发，善于发现教学中的问题，在研究中提升教学水平。

（此课例荣获广东教育学会中学地理教学专业委员会举办的2022年广东省中学地理教学设计评选活动二等奖）

大气受热过程与大气运动

揭阳第二中学　陈焕敏

【课标要求】

运用示意图等，说明大气受热过程与热力环流原理，并解释相关现象。

【教学目标】

教学目标	地理学科核心素养
学生通过实例理解大气受热过程与运动相关原理和人类活动的关系。	人地协调观
通过实例、图示讲解，让学生理解大气的受热过程，理解大气的削弱作用和保温作用，解释热力环流的形成原理。	综合思维
运用大气受热过程和热力环流原理解释生产、生活中的地理现象。	地理实践力

【教学重难点】

1.结合大气的受热过程示意图，说明大气的热量来源。

2.运用示意图，说明大气热力环流原理，并解释相关现象。

3.描述大气受热的过程和热力环流原理，并应用原理解释相关现象。

【教学方法】

1.情境教学法：以小李同学看望乡下爷爷前后的所见所思来创设情境，引发学生的兴趣和思考。

2. 问题式教学法：探究情境中的问题，用"问题"整合相关学习内容的教学方式，建立与"问题"相关的知识结构。

3. 图示讲解法：大气受热过程和热力环流形成原理复杂，需要结合图示和绘图来讲解复杂的地理原理。

【设计思路】

1. 结合图示，讲解大气的削弱作用和保温作用，从而使学生理解大气的受热过程。

2. 运用大气受热原理解决情境问题并解释生活中的相关现象。

3. 通过情境问题引入热力环流，并通过图示解释热力环流的形成原理。

4. 运用原理和实例认识海陆风、山谷风、城市风等常见的热力环流。

【教学过程】

（一）创设情境，导入新课

小李准备去看望住在乡下的爷爷，于是他上网查了最近的天气预报，平时爱思考的他发现了一些问题。

情境问题一：为什么晴天的昼夜温差要比阴天大？

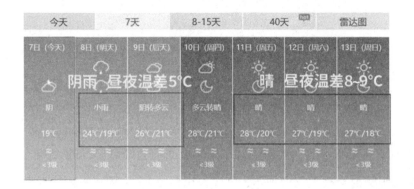

情境问题二：为什么一天当中的最高温出现在午后2点左右，而不是太阳辐射最强的正午12点？

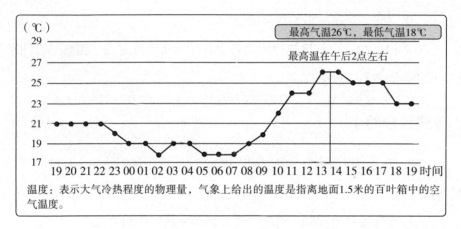

温度：表示大气冷热程度的物理量，气象上给出的温度是指离地面1.5米的百叶箱中的空气温度。

教师引导学生阅读教材34～35页，理解大气的受热过程，帮助小李解决以上疑问。

（二）第一课时：大气受热过程

1. 大气的削弱作用

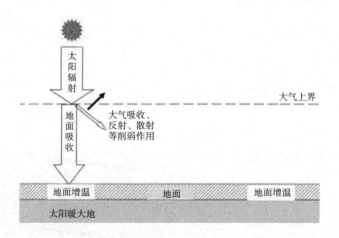

教师结合图示讲解：太阳辐射在到达地面前会经过厚厚的大气层，其中一小部分太阳辐射会被大气层削弱，削弱作用包括3个方面——大气吸收、反射、散射。

相关知识拓展：教师结合图示拓展相关太阳辐射的知识。

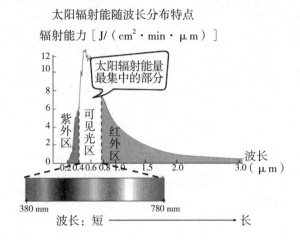

太阳辐射能随波长分布特点

太阳辐射包括紫外线、可见光、红外线，可见光又可分为红、橙、黄、绿、青、蓝、紫光，按照紫光到红光的顺序，波长逐渐增大。

物体的温度越高，辐射中最强部分的波长越短，因此太阳辐射属于短波辐射，地面辐射属于长波辐射。

（1）大气的削弱作用——大气的吸收作用。教师讲解：大气的吸收作用具有选择性，平流层中的氧分子主要吸收波长较短的紫外线，大气对流层中的二氧化碳、水汽主要吸收波长较长的红外线，可见光很少被大气吸收。

（2）大气的削弱作用——大气的反射作用。光线会被云层、尘埃反射，反射无选择性，任何波段（红外线、可见光、紫外线）都有可能被反射。

（3）大气的削弱作用——大气的散射作用。

削弱作用	参与的大气成分	特点	削弱的辐射	形成的自然现象
散射	空气分子、细小的尘埃	有选择性	可见光中波长较短的蓝紫光	晴朗的天空呈蔚蓝色
	较大颗粒的尘埃等	无选择性	各种波长的太阳辐射	阴天的天空呈灰白色

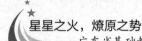
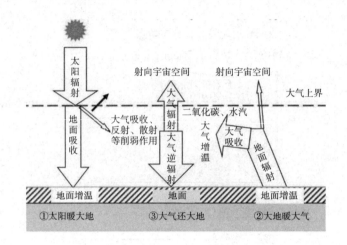

教师结合图示动画讲解：大气经过大气层时除小部分被削弱外，大部分太阳辐射会到达地面，被地面吸收和反射。地面吸收了太阳辐射后，使地面增温，我们把这个过程称为"太阳暖大地"；大地增温后，又以长波辐射的形式把热量传递给近地面大气，这个过程称为"大气还大地"；这个过程中主要是大气中的二氧化碳和水汽在吸收地面辐射，大气的吸收是具有选择性的，二氧化碳和水汽主要吸收长波辐射，很少吸收短波辐射，这就是为什么大气吸收地面辐射较多，而吸收太阳辐射较少的原因，大气因为吸收地面辐射而增温，我们把这个过程称为"大地暖大气"。

2. 大气的保温作用

大气增温后会对外产生大气辐射，其中一小部分射向宇宙，大部分向下射向地面，其方向与地面辐射相反，故称大气逆辐射。大气逆辐射能补偿地面损失的热量，因此具有保温作用。

随堂小结：

> **大气的受热过程小结**
>
> **1. 两个来源**
> (1)大气最重要的能量来源(根本来源)：<u>太阳辐射</u>。
> (2)近地面大气热量的主要、直接来源：<u>地面辐射</u>。
> **2. 三大过程**
> ①太阳暖大地；②大地暖大气；③大气还大地（保温）。
> **3. 大气两大作用**
> (1)削弱作用：大气层中水汽、云层、尘埃等对太阳辐射的<u>吸收、反射和散射</u>作用。
> (2)保温作用：<u>大气逆辐射</u>对近地面大气热量的补偿作用。

探讨情境问题一：小李发现晴天要比阴天昼夜温差大，你能利用大气受热过程的相关知识进行解释吗？

学生讨论回答，教师结合学生回答情况加以引导总结：晴天、白天大气对太阳辐射削弱作用弱，近地面气温高；阴天、夜晚大气对地面保温作用弱，气温低，因此昼夜温差大。

引入生活情境：藏族同胞服饰有什么特点？为什么这么设计？

设计意图：引起学生兴趣，引发学生思考，培养学生综合思维和地理实践力，让学生利用大气受热原理解释影响昼夜温差的其他因素，教师再加以总结。

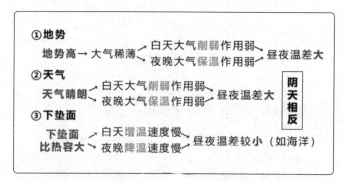

探讨情境问题二：为什么一天当中的最高气温出现在午后2点左右，而不是正午12点？

学生思考回答：太阳向地面传递热量需要一个过程，大地向大气传递热量也需要过程和时间，使得大气的最高温滞后于正午12点，出现在午后2点。

3. 大气受热过程原理应用

情境问题三：周末小李来到乡下爷爷家里，发现农民正用地膜覆盖和温室大棚来种菜（如下图所示），你能解释这些技术的原理吗？

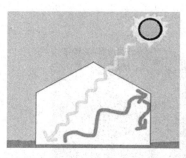

设计意图：重在培养学生的地理实践力，学习生活中有用的地理，利用地理的知识原理解释实际的生活问题。

学生结合所学知识思考回答，教师再利用图示加以引导。

情境问题四：在和爷爷的聊天中，小李还得知在秋冬季节晴朗的夜间或清晨易出现霜冻，当地有些农民会燃烧稻草或秸秆制造浓烟来降低霜冻损失。为什么霜冻多出现在晴朗的夜间或清晨？为什么制造浓烟能降低霜冻损失？

教师引导学生思考回答：晴朗的夜间或清晨，大气逆辐射弱，大气保温作用弱，且此时气温较低，近地面水汽遇冷易凝结成霜。浓烟能吸收更多地面辐射，增强大气逆辐射，起保温作用，因此可以减少霜冻。

活动探究：说明地球大气的保温作用。

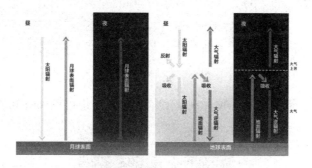

教师结合图示引导学生分小组探讨以下问题：①观察图片，找出地球比月球多了哪些辐射途径；②说明上述辐射途径对地球昼夜温差的影响；③说明月球表面昼夜温度变化比地球表面剧烈得多的原因。

（三）教授新课：第二课时大气热力环流

相关知识拓展：教师结合图示拓展气压的相关知识。

（1）气压的概念。气压是指单位面积上的大气压力，在数值上等于单位面积上向上延伸到大气上界的垂直空气柱所受到的重力。

（2）等压面——相等气压构成的面，如下图所示。

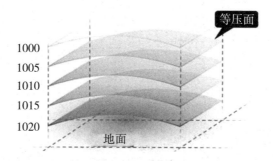

（3）影响气压的因素。海拔越高，气压越低；空气密度越大，气压越高。

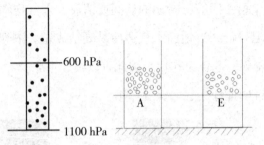

同一垂直方向，海拔越高， 同一水平面，空气密度越大
气压越低 气压越高

实验探究：播放实验视频，观察实验现象，小组讨论回答问题。

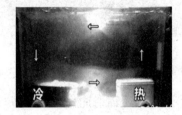

（1）说出热水一侧与冰块一侧的空气在竖直、水平方向上如何运动。

（2）引起烟雾运动的原因是什么？

教师结合动画图示讲解：从实验现象可以看出，引起烟雾运动的根本原因是地面冷热不均，如果地面受热均匀，那么同一水平面气压相等，等压线平行。

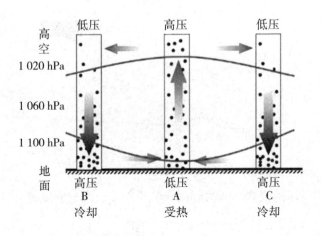

如果地面冷热不均，那么地面受热（A处），气流上升，近地面空气密度减少，气压降低，形成相对低压，其高空空气密度增加，气压升高，形成相对高压；地面冷却（B、C处），气流下沉，近地面空气密度增加，气压升高，形成相对高压，其高空空气密度减少，气压降低，形成相对低压。这些因素使同一水平面出现气压差异，近地面及高空气流就会从高压流向低压。

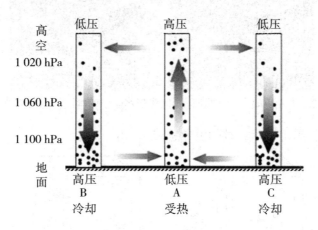

观察等压面，我们可以看出等压面的弯曲规律：高压上凸、低压下凹。

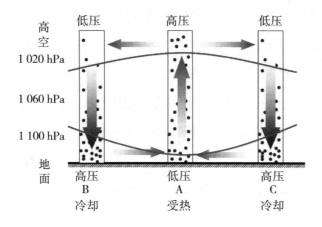

课堂小结：请学生画出热力环流形成的思维导图。

情境问题五：小李在乡下玩的时候拍下了很多照片，在整理照片时，其中有两张不同时间拍的照片引起了他的注意。为什么清晨煮水壶中的水蒸气从屋外吹向屋内，中午则相反（如下图所示）？请画出屋内和屋外的热力环流图对此现象加以解释。

清晨水壶中的水蒸气吹向屋内　中午水壶中的水蒸气吹向屋外

学生上黑板画出图示，教师引导总结。

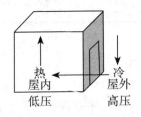 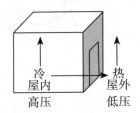

热力环流实例（海陆风、山谷风、城市风）。

结合教材活动题及实例，让学生画出海陆风、山谷风、城市风的图示。

情境问题六：解释"海风的秘密"。

夏日午后海边为什么总吹凉爽的海风？请用热力环流的原理解释此现象。

学生思考回答，教师结合学生回答加以引导讲解。

学生答：这是海陆风。成因是海陆热力性质差异，即陆地增温快，降温也快（比热容小）；海洋增温慢，降温也慢（比热容大）。

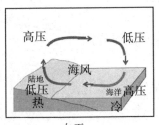 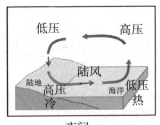

白天　　　　　　　　　夜间

教材活动：引导学生完成教材38页的活动题，画出白天和夜间海陆间热力环流。

情境问题七：引入古诗《夜雨寄北》，引导学生思考为何重庆多夜雨。学生结合图示画出山坡和山谷间的热力环流，并解释此现象。

学生答：受山谷风影响。

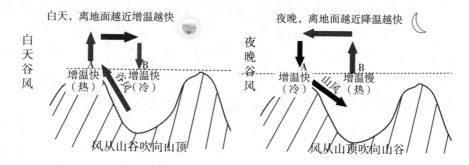

教师结合学生绘制的图加以引导总结。

情境问题八：小李在农村时感觉到农村温度要比城市温度低，他查了资料，原来是城市存在热岛效应。热岛效应如何形成？利用热力环流知识完成以下任务。

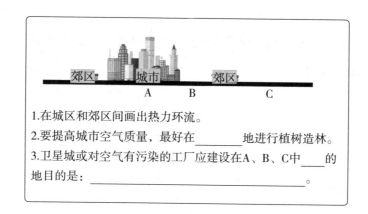

1.在城区和郊区间画出热力环流。

2.要提高城市空气质量，最好在_____地进行植树造林。

3.卫星城或对空气有污染的工厂应建设在A、B、C中____的地目的是：_____。

学生思考讨论回答。

【课堂总结】

1.大气受热过程如下图所示。

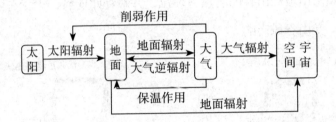

2.解释生活相关现象（温室大棚、霜冻的形成、昼夜温差）。

3.热力环流形成如下图所示。

4.常见热力环流：①海陆间；②城郊间；③山谷间。

（此课例荣获《中学地理教学参考》编辑部举办的2023年全国中学地理教研成果评比活动二等奖）

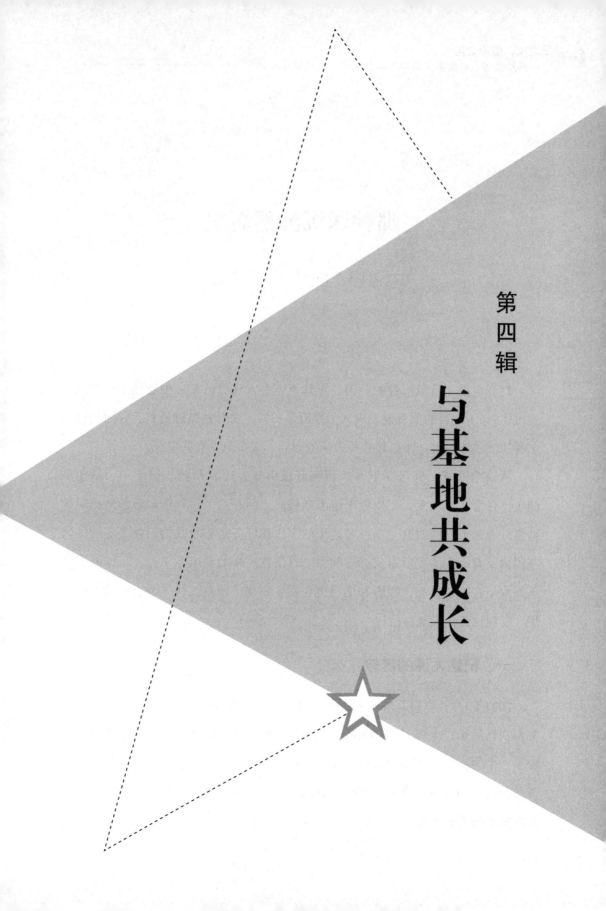

第四辑

与基地共成长

那种深沉油然而生

邱金元纪念中学　洪佳

打开电脑，重温写过的心得，不知不觉中发现自己在高中地理学科基地中走过了3年。学科的项目建设进入成果凝练阶段，要开始整理资料，顿时一种莫名的深沉油然而生。回忆起这些日子的点滴，或多或少有些感慨。

从观摩课堂，到送课下乡，再到开设讲座，还有命题与研学……基地里的工作难度不断加大，工作要求也不断提高，但在这个过程中却不断地出现各种意外而又惊喜的收获。学科基地里的工作和任务是有时效的，在一定的区域范围内又有一定的实质意义和影响力。自己在这样的要求下工作，工作能力和认知水平在不断提高，视野和格局也在发生变化，让自己往一个更好的方向发展，发现自己，成就自己！

一、记忆尤深的送教

2023年3月，学科基地也安排我送教下乡到揭西县霖田高级中学。从接到任务到现场展示，大概只隔10天的时间，其中要上课、监考，学校领导还给我布置了一个为高三尖子生开设的微型励志讲座。此时此刻，着实很难抽身备好一节适合展示的课例，我从中也感受到之前那些"临危受命"的基地成员们，在这样紧张的节奏下是多么不易。

去揭西的路上，为了节省费用，我没有选择走高速公路，而是沿着省道234转接国道235直奔河婆。出发时是傍晚，到揭西境内早已天黑。过了龙尾，宽敞的8车道销声匿迹，道路信息牌也被茂密的树叶遮挡得隐隐约约。蜿蜒起伏的4车道公路上依旧车水马龙，沿途有不少车辆与我擦肩而过，冲到我的前面，只有手机里的导航是我忠实的旅伴。拐弯的路角给人一种柳暗花明的期待，越走越是欣然开朗。道路两侧的树木胜似电影黑幕，在过往的司机眼中演绎了多少迷人风景。没有路灯的夜间驾驶只能提高警惕，我始终把时速控制在50千米左右。这样的驾驶氛围真的好享受，原来也可以如此放慢节奏，趁机享受这段难得的旅途，这对于我这样的忙碌的人来说可能显得十分奢侈，或许是对我这忙碌的十来天的一种犒劳吧。在这样的工作强度下，我们需要寻找各种乐趣，发现各种意外，不用像哥伦布发现新大陆一样运气爆棚，也无须像爱因斯坦推倒经典物理大厦那样"看破红尘"，只需有一点儿阿Q精神，就能慰藉自己失落的灵魂。

上课的课题由我自选，早有雏形的"自然地理环境的整体性"也就被搬上了讲台，但这一次我换了角色，选择榕江流域作为情境，创设问题链，开设"一境到底"的课堂教学。备课时我翻找了许多资料，资料对榕江流域的详细介绍零星点点，要将情境与地理原理融合本就举步维艰，要创设合乎情境的问题就更显得难上加难。最后在处理整体性表现的第三方面"一个区域的变化不可避免地影响其他区域"时，我无计可施，只能选择一个民间论调——汕头海湾大桥的建设导致潮汕地区受台风影响减小，但还是从科学入手——工程的建设改变了当地的水文环境和风力场，从而影响了台风的路径。我本以为这个设计环节在点评中会受到大家的质疑，但整节课的连贯性和乡土地理的味道，似乎掩饰了这点不足。与会的老师们对这节课"一境到底"的示范还是比较认可的，"一境到底"的设计可能成为大家追寻与尝试的方向。那时我突然觉得，可能我们有时候把事情想得太难，又对自己的要求提得太高，压力就是这样产生的。如果我们能够放松，那么就会觉得吴洁芬老师在布置任务时总说的"给你个任务，不要有压力"，真的没有欺骗我们。准备一节展示课，我们确实要花很多时间，但找到的资料、设计的课件、撰写的教案，还有经历，都是某段时间的厚积薄发，也分享给了其他同行，这就很有价值了。我不由得想起卞之琳的《断章》里的一句话，"你站在桥上看风景，看风景的人在楼上看你。明月装饰了你的窗子，你装饰了别人的梦"。

二、五味杂陈的忙碌

自2023年从霖田送教回来后，由于人手短缺，我被临时征调到基地宣传部，协助审阅推文，仅3月份送教下乡的4天中，推文就多达6篇，有时还要帮忙设计推文标题，力求对仗工整。4月份，基地部分成员参加了汕尾的交流活动，又有了新的推文，既研讨又研学，真是你们"游玩"，我看文章。命题工作坊在月底总会送来若干题目评审，除了做批注，还要在线上会议中做点评。这个五一劳动节也过得相当充实，依旧起早贪黑，审好"汕尾"的最后一篇推文，提交后就带着家人追寻"诗和远方"，仅此1天。5月份上旬收到紧急的命题任务，又是废寝忘食的日子……除此之外，高考越来越近，学校的教学教研工作，像最后阶段的复习、二模成绩分析、学生心理疏导、备课组的考前准备等，也要按照日程不断推进。

命题任务的第一阶段结束后，我意识到，现在要抓紧机会歇息，一般的事情可以暂且不闻不问，不然又是没完没了的忙碌。就连5月份学科基地组织的前往韶关的交流活动，我也毅然请假了。后来得知这次活动吴洁芬老师压根就没有安排基地里的高三老师，毕竟高三老师在备考的最后阶段很难抽身。这"不闻不问"的几天里，我每一天的工作节奏与办公室里其他人一样，过得却相当惬意，就连为学生分装档案也觉得是一种享受。我瞬间懂得，谁无暴风劲雨时，守得云开见月明；更加深信，在问心无愧地完成各种任务之后，可以格外舒心；也要学会，在泰山压顶时放松自己。

三、事过境迁的感叹

基地宣传部中途新进了多少成员，学习部收集整理了多少心得体会，档案部的人又被抽调几成，其他有的部门还在不在……

林梓枫和陈焕敏老师后来分别转移到宣传部和档案部，他们原先所在的生活部基本"团灭"；陈淑芸和刘晓虹老师一起在宣传部死守；许裕婉老师在工作室和学科基地之间长期坚持两线作战；卢燕卿和郑艺钰老师在半路"杀"出；姚莲君、胡奕冰和李玲老师在学习部坚持，收集各种"战况"；我后来也转战支援宣传部帮忙……黄玉老师、李金丽老师、廖树标老师和黄桂锋老师各取线路，就像游戏中的"法师"一样，既要提供"法术输出"，又要带动全局节奏；吴洁芬老师还陆续开辟其他新战场，像命题工作坊、高考备考研究小组（地理），倪婉玲老师差一点儿把自己的时间全搭进去……

面对过程中遇到的挫折，我们克服自身的难处，调整好心态，处理好工作与家庭的关系，依旧迎难而上。感慨在学科基地里的点滴，一个阶段的落幕，难免在意。回味那些写过的心得体会，不管当初的心境怎样，如今看来都显得格外满足，原来自己曾经的体会是这么深刻，那种深沉便油然而生，这也算是一种收获。而最大的收获，莫过于在这些时光里，在我们身上不知不觉凝练成一种深沉的品质，说是虚怀若谷也好，不矜不伐也罢，走出生活固有的惯性，超越自己的加速度，在自己的工作岗位上，做好自己的事情！

兼取众长，提升自我

揭阳第一中学榕江新城学校　黄桂锋

古人常说，兼取众长，以为己善。广东省基础教育（揭阳）高中地理学科教研基地自2021年成立以来，在负责人吴洁芬老师的引领下，教研基地为我们创设了智慧交流、博采众长的教研机会与平台，学科基地的成员伙伴们在不断地追求和探索中得到了成长，更督促和引领着我在专业的发展道路上不断前行。

我们的教研基地成员汇集了揭阳市的地理学科才俊、骨干教师及学科带头人，群贤毕至，少长咸集，特别是治学严谨、勤勉务实而又善于创新的吴洁芬老师，引领我们开展一次又一次充满挑战的教研活动。无论是教研基地这几年来组织开展的青年教师教学能力比赛、解题比赛、微课视频制作比赛、命题比赛等比赛，还是主题教研、校际交流、送教下乡等活动，每一次教研活动都是智慧的凝聚、思维的碰撞、理念的融合。一路走来，都能感受到每一个成员伙伴的努力和成长，也看到了每个人身上的闪闪亮点。成员中有着几位身经百战、经验丰富的老教师，他们一丝不苟、勇于挑战和坚毅的信念精神，让我们敬佩和敬仰；成员中有语言幽默、课堂活泼的小伙伴，让人羡慕；有逻辑严谨、专业扎实的伙伴，让人心生佩服；也有信息技艺高超、素材搜集随手拈来的几个小伙伴，经常为我们带来新的方法与技巧，不断给我们带来惊喜的收获。

闲暇之余，反思自己，现阶段正处于专业发展的瓶颈期，很多固化的思维和习惯影响了自身专业的发展，加上工作的繁忙，不善教学研究，以致课堂教学比较传统，缺乏创新，学科的素养和教学的技能可以说是故步自封，理念滞后，很难适应和跟上新课标、新高考的要求，虽有意识，却也惰于思考，疏于实践，甚至还有点儿心安理得。好在教研基地团队中许多老师敢于创新，产生了许多新的教学方法和思维，让我能够在老师们的教学技能中得到一些启发，引起我对教学的思考，也让我能够通过教研基地平台接触比较多的新思想、新理念，这些思维的碰撞，让我不得不进行学习和思考，才能跟上时代的步伐。

在基地平台的促进下，我渐渐地不断尝试突破自我，提升自身的专业素养，尽可能多地参加教研基地组织的相关活动。我积极参加揭阳市首批骨干教师的评选，并于2021年12月顺利获得市骨干教师称号；通过参加教育部"国培计划（2023）"综合改革项目——信息技术与教师培训融合研修，提升自身能力；参与揭阳市教育科学规划2022年度课题"生态文明视角下的高中研学课程开发实践研究"；参与教学课例"研地质地貌，探造地之力，育乡土情怀"，并在2022年揭阳市中小学综合实践和劳动教育优秀教学案例征集评选活动中荣获高中综合实践活动优秀教学案例一等奖；同时主动承担市级公开课活动，在公开课中，以学科教研基地的情境教学理论为指导，深入领会地理学科情境教学的相关内涵和要求。经过思考和创新，我在揭阳市2023年教研工作会议暨地理学科高考研讨活动中进行"区域农业发展"微专题示范课，并获得良好的评价。

收获不仅仅在于结果，更在于过程，基地的伙伴们积极交流，碰撞思维，都能够互相促进，不同的思维和理念在不知不觉中得到了交融。团队的伙伴们在生活中也收获了质朴无华、难能可贵的团队友谊。更期待以后的日子里，在教研基地平台常态化的引领下，力争博采众长，提升自我，使自身的教学技能得到进一步提升，学科素养能力能够不断提高，促进自身学科专业的发展。

且学且行且思，遇见更好的自己

揭阳第一中学榕江新城学校　倪婉玲

前几天总结了近3年收获的教研成果和荣誉，收获颇丰：在4次省教研活动中做课例分享，收获各类奖项20多项。回首过去3年，充满挑战的3年，除了奖项的获得，还有更多收获。

收获了许多尝试。基地开展工作之初，那个时候还从来没用过线上会议开会，因为开展工作需要，于是着手学习使用线上会议软件，紧接着就是熟悉各项操作新技能。那个时候也是第一次接触到公众号推送，先是申请公众号，然后是了解基本的操作运营公众号，撰写推文，推文初审，这些都是第一次，都是新的尝试。去年因为课题需要，作为主持人，有了前面在公众号运营方面积累的经验，这次的组织申请和运营，轻松不少。

我尝试了当一名小小主持人。第一次是在召开基地论证会的时候，对于没有接触过主持的"新手小白"来说，既兴奋又紧张。在吴洁芬老师的指导下，我撰写主持稿，自己又提前模拟了好几次，会议结束后，韩山师范学院地理科学与旅游学院地理科学系郑琰明博士和广东省教育研究院地理教研员施美彬老师的点赞让我开心不已。后面的会议主持，我感觉撰写主持稿及主持变得简单了——我"解锁"了主持这一项新技能。2023年9月份，参加广东省研学实践教研员岗位研修暨研学成果交流展示活动，我第一次尝试在省教研活动担任主持人。接到任务时我很紧张，第一天手中还拿着稿子，第二天，挑战自己，脱稿主持，但有点儿不流畅；到最后一天，既脱稿，又流畅了些许，感觉进步不少。

除了学到新技能，在教学方面我也有了许多新的实践，如第一次走出教室，走到大自然课堂，开展研学实践。撰写研学方案，设计研学路线，组织研学实践，记录研学实践，这对我来说是一种突破，有了第一次的实践，也就有了后面的多次组织。问题情境教学也是新的尝试，将情境贯穿于整个课堂中，用问题链串联，提高思维深度，这对于从初中教学过渡到高中教学的我来说是一种挑战。在这个过程中，通过多次的教学实践，我慢慢总结出了一些方法，在后阶段对这种教学方法的运用也比较熟练了。从一轮新教材后，到第二次上必修第一册，我又多了许多想法和尝试，努力把知识放在情境中，引导学生发现问题，生成知识。

收获了成长。我是文字功底匮乏的人，撰写公众号推文对于我是非常困难的事，从阅读、模仿，再到运用，我慢慢地熟悉了撰写推文的基本模式。从撰写到初审，审稿过程中发现自己较为粗心，于是刻意提醒自己要更加细心，于是有了一点儿进步。组织研学实践的过程中，一开始还停留在大学野外实习考察的模式，老师走走停停，学生边听边记，在南方教研大讲堂的筹备会议中，听到专家老师们的建议，一语点醒梦中人，这才反应过来，研学理念也要跟着更新，要以学生为主体，以任务做驱动。在记录研学实践过程中，出于拍摄需要，我也理解了不同机位拍摄的原理。通过录制的视频，我也看出了自己面对镜头的陌生、不自然，于是刻意地努力使自己更自然地面对镜头。后来，在准备班主任基本功展示交流活动相关材料过程中，发现自己面对镜头的时候有了些许的进步，变得更加自然了。在教学过程中，问题情境教学不能把情境跟问题割裂开来，而且情境的创设要具有真实性，问题的设计要有科学性。在基地2023年第一次研修暨送教下乡（揭西）活动中，我携带课例"生态脆弱区的综合治理"进行展示交流。课例是基于新闻报道创设情境，问题是在研读高考题的基础上进行设计，尝试着传递给学生一种理念和视角：用发展的眼光看问题。我通过设置探究任务、问题，让学生在复杂而具有开放性的现实情境中解决有意义的真实任务，培养其综合思维。我选取的是我国乡村振兴真实案例，想引导学生关注国家大事，了解脱贫攻坚取得的伟大成就，培育家国情怀。对比2020年课题开题研讨课例"小贝环游记——洋流"，有了新的突破和进步。在研学方面，由于有了前面的经验，在新学期组织学生进行月相观测的研究性活动时，我感觉游刃有余。

收获的同时，发现了自己有更多的未知。软件的使用过程发现了一些问题，在不同的手机上显示的格式不同，有些时候手机的显示和电脑不相匹配，经常以退出再登录的方式来解决。在如今短视频流行的时代，我认为也可以从文字过渡到视频，抑或文字和视频兼容，于是在主持的课题"生态文明视角下的高中研学课程开发实践研究"中，我们课题组将推文和短视频结合，运用文字加视频的方式进行宣传和推广。开展研学的过程中，我经常提出不能走到远方研学，但我们可以从家乡开始，从了解我们周边的世界开始。我发现我们对于潮汕地区的研究是比较少的，这对于乡土研学开展工作又是一个大挑战。设计研学问题，首先考虑自己初步定下的答案是否科学，缺少相关论文支持的话，怕科学性难以保证。比如，之前历史老师提到过的，在西湖公园附近，老吊桥那个位置，榕江北河跟南河有相汇合的机会，为什么最终却直到塘埔这边才汇合，这会不会是受河流两岸岩性的影响？后来我又想通了这个问题，既然是研学，未必一定要有个科学的结论，可以是个开放性问题，只要言之有理，有理有据即可，这可以看成一个引子，鼓励学生进一步去探索并寻找证据，进行科学论证。问题情境教学的实践过程中，我发现学术情境的创设是最为困难的。因为学术情境的创设要有严密的逻辑牵引，也就是说，情境本身就包含思维推理形成的过程，这有点儿像是我们一直所说的专家思维。在2020年完成课程作业的时候，我尝试着创设这类学术情境，以青藏高原黑炭问题进行探究，课例设计好后，感觉还是存在许多不足。后来，经过近两年的学习竟依然没有在学术情境方面有新的突破，这也是我接下来的教学实践发展的方向。

心怀热爱赴山海　笃行致远共成长

揭阳华侨高级中学　林梓枫

时光荏苒，转眼间，我已经在基地这个大家庭中度过了两年多的时光。当我得知要加入基地时，内心是忐忑不安的。因为彼时的我还只是个工作不满两年的教师"小白"。最终，抱着一颗谦虚学习的心，我加入了广东省基础教育（揭阳）高中地理学科教研基地。正如我预想的一样，基地的其他成员都是非常优秀的骨干教师，作为"小白"的我，需要学习和提升的方面还有很多。吴洁芬老师在初次会议的时候便提出，她更看重的不是一个人的能力，而是一个人的学习态度，一个人能走得很快，但是一群人却能走得更远。这句话也鼓舞了我，在这个基地里面，我向其他优秀的老师学习，在活动和比赛中不断学习与成长。我想，既然对教师这份职业心怀热爱，就更要付诸实践，笃行致远，成就更优秀的自己。

这两年多来，基地在吴洁芬老师的带领下，各种活动接连不断，丰富多彩，同校的老师们也不禁感叹：你们地理的比赛和学习活动这么多啊，真好！线上讲座、命题比赛的培训与观摩学习、研修外出活动、送教下乡、一轮复习研讨活动、二轮复习研讨活动、创设命题工作坊等，活动确实数不胜数。这些活动的举办，为基地的成员提供了交流学习的平台，基地里来自各校的老师们得以聚在一起交流学习，分享经验，我也得以在一一次次的活动中沉淀、积累。

一开始加入基地时，对于基地的活动，我更多是一个观摩学习的角色，如青年教师大赛、线上研讨活动、命题比赛等。看着基地小伙伴们在台上展示，在线上交流，他们那从容的姿态、巧妙的教学设计，都让我感叹不已，我也能变得像他们一样优秀吗？一次次活动后提交给基地的总结与反思也督促着我不断总结与积累。而真正让我成长、迈出新的一步的契机是参加基地的课例分享活动，紧接着参加比赛，我被调到宣传部学习撰稿、编辑推文、承担市级公开课等。这些事都推着我作出了新的尝试，也有了新的收获。是啊，如果只是一直观摩学习，但不去进行实践，那么又怎么会进步、成长呢？

基地工作方面，我原本属于生活部，在过了一段时间后，因宣传部人手不足，被调到了宣传部跟小伙伴们一起参与稿子的撰写与推文编辑任务。对于已经在宣传部打出一片江山的"元老"来说，我是一个新手，稿子的撰写、公众号的编辑还不是很熟练。对我提出的问题，小伙伴们都非常热心地为我解答。在一次次的撰稿和编辑过程中，我们分工合作，会为一个贴合主题的标题一起冥思苦想，也会在外出研讨时在酒店房间一起熬夜奋战，结束后一起点杯奶茶奖励自己。在一次次的任务中，大家逐渐熟络起来，技能也得到了提升，都有所成长。

基地教研方面，我从旁观的学习观摩者慢慢变成了活动的分享者与参赛者。从一开始全市线上会议向同行教师们分享情境课例，到认真准备作品参与命题比赛与微课比赛，再到后面现场参加微格课展示、解题比赛活动，开展一节市级公开课……基地给了我一次次机会，也更像是一次次的挑战，激励我、推动我进步与前行。在准备的过程中我有压力，不自信，也因工作的忙碌甚至想过放弃。让我印象深刻的是2022年的省级基础教育精品课的遴选，吴洁芬老师在基地群里号召大家积极参与，彼时恰逢疫情线上教学，因录制要求的烦琐及班主任教学工作任务的繁重，因怕无法完成一部完整的作品，我差点儿想放弃，但转念一想，何不努力尝试一把，尽力就好，但问耕耘，莫问收获。最终赶在截止时间前交上了作品，而这个作品，在我意料之外，竟也真的被选入省级精品课程。或许准备过程是痛苦的、有压力的，但是最终我坚持下来了，也有了一定的收获，回头看，又何尝不是一次独特的成长经历。

在敲下这份总结之时，我已经是一名从教满4年的地理教师了，经历了4年班主任工作和两年高三教学生涯。对于我来说，教师是我所热爱的一份职业，也注定了要为其奋斗一生。回首过往，记得大学填报志愿时的坚定，记得刚站上讲台时的青涩，也还记得深夜备课的焦虑，刚加入基地时的忐忑，参加比赛前的请教……即使基地建设终将告一段落，但我想，我们的学习成长之路并不会就此停止。这4年来，我多多少少有了一些成长，但我深知，这还远远不够，未来的教师之路上，希望自己仍能心怀热爱，奔赴山海，初心如磐，笃行致远。我也坚信，基地的小伙伴们未来也会继续在各自的岗位上闪闪发光，不断成长。

很幸运能加入基地，在这3年中共同成长。感恩相遇，不负遇见，继续前行，未来可期。

我与地理教研基地共成长

——教师专业发展的实践与探索

揭阳第二中学　陈焕敏

　　我是揭阳市的一名高中地理教师，自加入揭阳市地理教研基地以来，深感自己在教学实践和专业知识上得到了极大的提升。回顾这段时间的基地活动，每一个活动都很有意义，都能从中学习到很多东西，如揭阳市高中地理命题培训活动和命题比赛、基地研修暨送教下乡活动、"南方教研大讲堂"跨学科主题研学活动、观摩基于情境教学的微格课比赛、高三地理备考的专家讲座、高三二轮复习研讨活动等。通过参加各种活动，我逐步领悟到地理教育的真谛，并尝试从活动中汲取经验，努力提升自己的教学水平。

一、教学比赛：激发教学竞技

　　在地理教研基地组织的多次比赛活动中，我积极参与，精心准备。通过比赛，我不仅锻炼了自己的教学能力，还学到了许多新的教学技巧和方法。同时，与其他教师的竞技交流也让我看清了自己的不足之处，为以后的教学工作提供了宝贵的经验。为提高自己的教学教研能力，我平时也尝试运用情境教学理论来制作有关情境教学的教学设计，其中教学设计"大气受热过程与大气运动"在2022年广东省中学地理教研成果评选活动中获得一等奖，在《中学地理教学参考》编辑部举办的2023年全国地理教研成果评比活动中获得二等奖。

二、学科培训：拓宽知识视野

地理教研基地组织的学科培训活动让我受益匪浅。在培训中，我不仅学习了新的地理知识和教学理论，还通过与其他教师的交流分享，拓宽了自己的教学思路。这些培训活动不仅提高了我的专业素养，还让我对地理教育有了更深入的理解。例如，参加高中地理命题培训，我学习了命题的过程，如命题素材的选择、命题主题的确定、命题角度的切入、试题问题的设置、试题答案的打磨、图表的绘制等。在这过程中，我学会了如何用PPT绘制地图，也引发了自身对试题命制的一些思考，如情境素材的搜索和选择，如何结合材料设置问题和组织打磨试题答案，如何在试题中体现地理主干知识，如何落实学科核心素养等。

三、专家讲座：汲取教学智慧

每次听到专家的讲座，我都有种豁然开朗的感觉。他们深厚的专业知识、独特的见解和富有启发性的教学策略让我收获颇丰。通过汲取专家的教学智慧，我在教学中的困惑逐渐得到了解答，教学水平也得到了较大的提升。

四、情境教学：提升实践能力

在地理教研基地组织的多次观摩情境教学活动中，我深刻体会到了教学的艺术性和实践性。通过观摩其他教师如何将理论知识融入实践教学中，我逐渐找到了适合自己的教学方法。这种情境教学的观摩与学习提升了我的实践能力。

例如，在二轮复习研讨活动中，我要上一节研讨课。接到任务后我就在思考，如何用一个情境来贯穿整节课。最后我在教学设计过程中选择了学生比较熟悉的校园照片作为情境载体，根据自己观察到的地理现象来设计相关问题链，把知识与生活情境相融合，引导学生利用所学知识解决实际问题，在解决实际问题的过程中复习巩固相关知识和规律。通过课堂活动培养学生综合思维、地理实践力等核心素养，培养学生语言表达、分析问题的能力。听取其他老师的课例和评课时，我也能从其他老师身上学习到新的教学方法和技巧，比如如何使用情境、如何设置问题链、如何调动学生的主动性和积极性等。

五、展望未来：坚守初心使命

参与揭阳市地理教研基地的各种活动，我在教学实践中不断成长，不仅提高了自己的专业素养，还对地理教育有了更深层次的理解。这些宝贵的经历使我更加坚定地投身于教育事业，并不断追求卓越。在未来的工作中，我将继续保持对地理教育的热情和执着，努力提升自己的教学能力。我相信，在地理教研基地这个平台上，我会与更多的教师共同成长，为培养更多优秀的学生贡献自己的力量。

共成长，促优秀

揭阳第一中学　许裕婉

2021年4月，广东省基础教育（揭阳）高中地理教研基地成立了，在市教研员吴洁芬老师的推荐下，我有幸成为基地的学员。

这既是一次机遇，又是一个挑战。幸运的是我拥有了一系列系统理论的学习机会，拥有了与全市优秀地理老师共同研讨的机会；困难的是教研基地是全市乃至全省首次开展的，完全就是摸着石头过河。幸好在吴洁芬老师的带领下，我们开启了一段与基地共成长的旅程，也都有幸收获满满。

一、理论知识不断提升

由于种种原因，在过去近10年的教学中，我重实践而轻理论，坚信实践才能出真知，导致个人理论知识浅薄，无法与时俱进，无法及时了解教育理论、专业知识的最新发展。

自从加入广东省基础教育（揭阳）高中地理教研基地，在基地的引领下，我聆听了不少专家老师及工作室内部老师的讲座分享，讲座内容涉及地理教育学科各方向的理论指导，如深圳第三高级中学正高级教师庄惠芬老师"以新应新，以简驭繁——以思维的角度谈2023届高三地理复习方略"，我深深感悟到在地理教学中要落实地理概念的重要性，唯有抓住概念的基本属性，让学生大脑中形成概念的相关画面感，从概念出发，找出知识点的共性，根据这些共性总结构建出知识模型，才能让学生学会自主解决各种特殊情境问题，以不变应万变；广东省名教师工作室主持人、正高级教师吴俊和老师的讲座"创设情境教学，内化能力素养"，短短3个小时内，从高考题入手，强调必备知识是解决实际问题的工具，区域认知和综合思维是解决问题的重要思维方法，提出在教学中采用自主学习反馈案加课堂情境探究案，实现"学习金字塔理论"的高效学习方式……

理论学习不单靠专家讲座的直接输出，还需要自己对知识的内化。基地为学员老师们购买了大量优质的教育理论书籍，在阅读过程中我的理论水平也不知不觉加强了。犹记得两年前，基地创立之初，"深度学习""情境式教学""大单元教学"等众多生涩难懂的专业术语让我晕头转向，我唯一能够做的就是整理思路、搜索相应论文、搜索相关案例……强迫自己"啃"下一本又一本复杂的理论书籍，千万滴汗水最终没有白费，我对教学理论拥有了系统的了解和掌握，成功实现了理论知识的提升。

二、专业知识不断扩展

有人常说，如果要教给学生一滴水，那么教师起码要准备一桶水。地理就是生活的哲学，随着时代变化，地理知识同样也在与时俱进，地理教师也应该不断加强地理专业知识的学习。我以前无从下手，现在在基地的带动下，经常能够获取不少地理学界的名师讲座资源，并拥有巨大的收获。例如，广州大学地理科学与遥感学院院长、博士生导师吴志峰教授的"本科地理学核心素养培育：困惑与思考"和"从地图看中国古代'华夷观'之演变"两个讲座，改变了我对地图的固有印象，让我重新认识到地图不单单只是一种试题载体，也不仅仅是一种学习工具，现今GIS、RS等技术的发展越来越体现出地理学和空间思维的重要性，很多科学问题的解决必须具备空间思维并需要用空间分析统计相关理论和方法，因此在中学地理教育中应重视地图能力的培养，提升学生的区域认识、综合思维等地理学科核心素养。在不同学者的讲座分享中，我犹如一块干燥的海绵，不断吸收专业知识的甘泉，促进了专业知识小树的茁壮成长。

三、教学实践不断尝试

学习理论的最终目的就是实现学以致用，就是要把理论知识在课堂上不断尝试并不断改进。基地的各项送教下乡活动、各项比赛等为我们提供了广阔的实践平台与充足的实践际遇。

以前接触过情境式教学，也尝试过情境式教学，直到某次与基地学校地理教师的同课异构的课堂展示研讨活动，我才发现对情境设置的理解是错误的——情境的设置不单单只是一个导入功能，而应是在课堂中把情境作为线索，引导学生思考和自主探究出知识体系，形成良好的地理思维。因此在"正午太阳高度的应用"这节课中，我尝试以"老许买房"这一情境，从约定中介看时间、看设备定小区、提要求定楼层3个步骤实现"一境到底"，通过创设生活情境、设置地理问题，组织学生小组讨论和扮演、分享等方式，充分调动学生的学习积极性，使正午太阳高度的变化原理、应用等重点知识得到落实，学生的能力得到培养，初步实现了较为满意的情境式教学。

我无法深入理解一轮复习和二轮复习的差别，恰恰基地某个时间段分配了"工业"的一轮复习示范课和二轮复习讲座的任务，任务驱动我必须多方尝试和学习，于是我以"某集团"为例分别展开"工业"专题一轮复习及二轮复习教学设计，在实践中醒悟出二轮复习不应该是一轮复习的缩短版，而是一轮复习的进化版，教师应该在二轮复习中强化学生地理知识思维网络的形成，加强学生学术情境题的练习，弥补学生知识薄弱项目……最后我不仅顺利完成了工业一轮复习示范课的教学任务，还完成了"工业"专题二轮复习的大单元教学设计，并以此为例在基地去河婆中学送教下乡活动中开设了"'一境到底'攻克二轮复习"专题讲座，以及在2022年粤东基础教育地理学科群"名师工作坊"线上活动中开设了"'一境到底'的情境式专题复习策略——以'工业'微专题为例"的讲座。

在基地的几年时光中，学习和工作是忙碌不堪的，但我的内心是充实的，我的眼界是开阔的，我的能力是多维的。我一直坚信与优秀同行，我也会越来越优秀！

搭建教研平台，助推专业成长

揭阳市揭东区教育局教研室　廖树标

揭阳市省级高中地理学科教研基地是广东省教育厅教研基地建设重要项目，对推进我省教研体系建设，为基础教育高质量发展提供有力支撑。揭阳市省级高中地理学科是为培养人才而设立的教与学的科目，是课程体系中的基本单位。地理学科课程教学承载着育人的重要使命，在价值引领上具有独特性。学科基地项目聚焦"学科育人"这一核心目标，以培养地理学科核心素养为导向，深入开展地理教师成长与培养途径研究与实践，开发地理优质教研资源，构建地理课程与教学实施体系，系统推进揭阳市地理学科教研基地建设，为构建新型教研体系提供一些示范样例，为地理学科课程与教学改革贡献一些经验，从而推动基础教育课程改革，助力揭阳教育高质量发展。为配合市省级高中地理学科教研基地工作，3年来，结合我区教研实际，我主要做了以下工作。

一、利用基地平台，交流学习提高

2021年6月18日上午，参加在榕江新城学校召开的基地第一次（线下）会议。会上，基地项目组成员对实施方案细则进行逐项研讨，从项目建设背景、建设目标、建设任务、拟解决的关键问题、创新之处、进度安排、人员分工、建设成效及建设保障等方面做了详细分析，要求会后各成员认真研读，提出建设性的修改意见，再进一步修订和完善。

2021年7月20日—22日，组织相关教师参加揭阳市高中地理教师命题比赛，活动很好地提升了全市高中青年地理教师的原创试题命制水平，有效推进了青年教师的专业发展。

2021年9月10日上午，参加在揭阳第一中学榕江新城学校召开的广东省基础教育（揭阳）高中地理学科教研基地项目论证会。本次论证会邀请广东省教育研究院地理教研员施美彬老师、北京师范大学珠海校区黄伟教授、华南师范大学地理科学学院徐颂军教授、江门市地理教研员郭长山老师、韩山师范学院地理科学与旅游学院地理科学系李坚诚副教授、韩山师范学院地理科学与旅游学院地理科学系讲师郑琰明博士和揭阳市教育局教研室李绪强主任作为评审论证专家。项目负责人、揭阳市地理教研员吴洁芬老师及基地项目全体成员、基地学校领导参加了评审论证会。

2021年12月29日—30日，引领我区兼职教研员参加2021年广东省基础教育教研员公共课线上研修活动；聆听华东师范大学刘良华教授、广东省教育研究院教研室主任曾令鹏正高级教师、广东省教育研究院罗永华教研员等专家的讲座，感受到了专家们的立意深刻、高屋建瓴，为教研员的学习和成长明晰了方向，拓宽了思路。讲座十分精彩，十分实用，在培养学生学科素养、立德树人等方面具有十分积极的意义。

本次培训突出教研员核心素养培育，开展以"引领学校课程教学改革、推进育人方式变革、提高教研员教育决策科学化水平及教书育人能力、提升学生综合素质、解决基础教育高质量发展的重点难点问题"为主要目标的专题研修，为基础教育高质量发展提供强有力的专业支撑。培训的主要内容是围绕落实立德树人根本任务，开展教研员思想政治、师德师风、业务能力培训学习。一是将思想政治和师德师风作为必修内容；二是加强教研员理想信念教育，深入学习领会习近平总书记关于教育的重要论述，开展"四史"教育，引导教研员树立正确的历史观、民族观、国家观、文化观；三是加强新时代教研员职业行为准则学习；四是增强教研员利用信息技术改进教育教学的意识，提升教研员信息技术应用能力。

2022年8月10日，引领、参与由学科基地组织的2022年揭阳市高中地理教师现场命题比赛活动。活动促使高中地理教师更好地解读课标、研究新高考、落实核心素养，有效提升揭阳市青年教师的教学科研水平，推进青年教师的专业发展。

2022年12月，参加由中国教师研修网主办的2022年揭阳市市区专业课学习，提升个人专业水平。

2023年3月16日，参加由学科基地组织的2023年广东省基础教育（揭阳）高中地理学科教研基地第一次研修暨送教下乡活动，活动促进了基地成员的专业成长，加强教研基地对外交流，推广教研成果，确保基地项目建设工作有序高效地推进。

2023年8月27日—9月1日，到北京师范大学珠海校区，参加全省教研员培训，培训提升了教研员指导教研和引领教师的能力，切实推进了中学地理教育教学的高质量发展。

二、搞好常规教研，提高教学质量

2020—2023学年，带领揭东区学科中心组成员参加常规教研活动。

揭东区地理学科中心组成员（兼职教研员）由教研员牵头，遴选3位骨干教师参加中心组。每学期开展听评课活动、学科命题研讨活动、教学质量评估活动等。

深入高中学校开设讲座。2021—2022学年第一学期，到蓝田中学，为全区高中地理教师开设"核心素养下高一地理新教材结构及教学建议"讲座。

指导揭东区教师参加课题研究。指导揭东区霖磐中学吴桂发老师主持的"高中地理课堂教学有效创设生活化问题情境的行动研究"立项开题工作；指导揭东区锡场中学林晓洁老师主持的"高一地理新教材'情境设计'课堂应用的研究"立项开题工作；组织专家组对揭东区第三中学郑洁纯老师的市级课题"网络环境下地理教学方法的实践研究"进行指导并结题验收。

指导老师参加揭东区教育学会举办的学术讨论会论文评比活动。2021—2022学年，指导揭东区锡场中学林晓洁老师的论文《立足课堂，在真情境中培养地理实践力》、揭东区蓝田中学王晓冰老师的论文《浅谈案例教学法在高中地理教学中的应用》、新亨镇硕和初级中学林凯洪老师的论文《对初中地理课堂教学的研究》参加评比，分别获得一、二、三等奖；2022—2023学年，指导揭东区霖磐中学林协文老师的论文《现代信息技术与初中地理课程整合研究》、揭东区梅岗中学谢壮霞老师的论文《浅谈地理学科核心素养与教学情境下的高中地理教学——以人教版（2019）高中必修第一册、选择性必修部分内容为例》获二等奖，揭东区锡场中学吴晓菲老师的论文《浅谈提高农村普通高中生学习地理的自信心》获三等奖。

2023—2024学年第一学期，指导黄小丹、邢敏、林坍霞、林琳老师参加2023年揭阳市中学（高中组）地理教师命题比赛，获一等奖；指导林洁如、郑燕佳老师参加第四届广东省中小学青年教师教学能力大赛揭阳市中学地理学科（初中）初赛，分别获一、二等奖；指导陈丽满老师参加第四届广东省中小学青年教师教学能力大赛揭阳市中学地理学科（高中）初赛，获一等奖。

在常规教研活动中，科学的教研组织方式使老师们明确了教研方向，提高了地理科教学质量，促进了教师专业成长。

三、开展教研评比，促进教师成长

近3个学年，揭东区根据基地的活动安排，组织全区教师积极参加学科基地举办的各项评选活动，组织全区教师积极参加广东省中学地理教研成果评选活动，取得优异的成绩：揭东区第一初中中学郑燕佳老师、揭东区光正实验学校曾卓仪老师在2021年揭阳市初中地理高效课堂微格课评比中荣获一、二等奖；揭东区锡场中学林晓洁等18位教师在历年揭阳市地理教师命题比赛中荣获一、二等奖；揭东区第三中学洪婕等18位老师在第二、三届揭阳市青年教师解题比赛中荣获一、二等奖；揭东区梅岗中学陈丽满等22位老师参加广东省中学地理教研成果评选活动荣获一、二、三等奖；揭东区第一实验中学林洁如老师、揭东区第一初级中学郑燕佳老师、揭东区梅岗中学陈丽满老师在第四届广东省中小学青年教师教学能力大赛揭阳市中学地理初赛（选拔赛）中荣获一等奖，揭东区新亨镇硕和初级中学林凯洪老师荣获二等奖；揭东区第一实验中学林洁如老师、揭东区梅岗中学陈丽满老师在第四届广东省中小学青年教师教学能力大赛揭阳市中学地理初赛荣获一等奖，揭东区第一初级中学郑燕佳老师荣获二等奖。开展各项教研评比活动，提升了教师素养，促进了教师成长。

四、积极探索创新，提升教研水平

近3个学年，我参加揭阳市省级高中地理学科教研基地活动，有收获，也有不足，展望未来，感悟良多。

不足之处是创新性不够，教育、教研观念比较陈旧；学习新知识、钻研课标、重新审视教材，研究教材教法等方面还需加强；指导高中学校科学备考、智慧备考、研究高考等还需进一步加强。

我的感悟和展望：更新教研观念，加强学习，锤炼思想修养，提升理论和教学教研业务水平，只有过硬的业务知识与理论水平，才能解决教学、教研中的新问题，因此要通过不断的学习来提升自我。教研员要有新思想、新理念，就必须经常参加培训、学习、交流等，把握教研最新动态。

重反思，促成长。教研员除了具备专门科学的知识和技能及能力等，还应具有深厚的教育理论修养、广阔的教育前沿视野、敏感的教育问题意识、过硬的教学研究能力。要在长期的教研实践中，借助反思不断探究和解决教学问题，掌握科学研究的本领。指导课堂教学深化课程改革，加强课堂教学研究，及时为课堂教学把脉问诊。在教研中如何创造性地开展教研工作，教研员不仅要有丰富的理论储备和深厚的实践积淀，还要具备超前的创新意识。

下阶段，我将继续以揭阳市省级高中地理学科教研基地为平台，积极引领全区地理教师加强学习研究，更新教研观念，锤炼思想修养，提升理论和教学教研业务水平。

整合全区地理学科教研资源，丰富教研形式，帮助一线教师转变教学观念，规范教学行为，提升学生的地理学科核心素养。

利用学科教研基地项目建设在课程教学创新、教研体系建设、教师专业发展、教学质量提升等方面要进行积极探索，提升我区教研教学水平。

充分发挥学科基地示范引领作用，开展深度教研、联动教研，以点带面，提升教师素养，促进教师专业成长。

继续以揭阳市省级高中地理学科教研基地为平台，引领我区高中地理学科教学教研工作，求真务实，开拓创新，使我区地理教学教研水平再上台阶！

跨越挑战，砥砺前行

揭阳第一中学榕江新城学校　刘晓虹

2021年，在黄桂锋老师的介绍下，我有幸加入了广东省基础教育（揭阳）高中地理学科教研基地。参加地理学科教研基地项目以来，我经历了3年的学习和成长之路。基地为我提供了一个宝贵的平台，让我能够不断拓宽自己的视野，提升教学水平，实现个人的专业成长。

首先，通过基地项目的学习和交流活动，我更加深刻地认识到地理学科的魅力和教师与时俱进的重要性。在与来自不同地区、不同学校的地理教师的交流中，我更加直观地感受到地理学科不仅是一门传授知识的学科，更是培养学生综合素养和创新能力的重要途径。我开始意识到，作为一名地理教师，我应该注重培养学生的地理思维能力、地理问题解决能力和地理实践能力，同时不忘教育的育人价值，让他们能够更好地理解和应用地理知识，将来为祖国的建设贡献自己的力量。其次，基地项目的学习和实践活动让我深入研究和理解新课标、新教材、新高考的要求和内容。通过精心设计的教学情境，我能够更好地引导学生掌握地理学科的核心知识和基本技能，落实学科素养。同时，我也积极培养学生的综合能力，通过地理大阅读征文比赛、研学活动等形式，让学生更好地理解和应用地理知识。

在基地项目的推动下，我不仅在教学理念和方法上有所进步，还在教学教研活动中有了更多的收获。自上高三的课以来，由于课务繁重，我几乎不参加教学教研比赛。加入基地后，我尽力调整时间，积极参与地理学科的教学教研活动，如广东省中学地理教学成果评选活动、揭阳市地理青年教师解题和命题比赛、第三届广东省中小学青年教师教学能力大赛揭阳市高中地理学科选拔赛等活动，获得奖项10余次。我所取得的成绩，离不开基地的引领和培养。

在基地的工作安排中我主要负责宣传部的推文工作。宣传部虽然辛苦，却总是能记录下最多宝贵的经验，也让一向不善言辞、害怕写作的我逐渐克服了自己的恐惧，直面自己的短板。通过参与基地项目的学习和实践，我培养了自主学习和自我发展的能力，提高了自己的综合素质和专业水平。

回顾这3年，我深深感受到了基地对我的影响和帮助。我要感谢基地项目的负责人吴洁芬老师和引荐我的黄桂锋老师，感谢他们为我提供了这样一个学习和成长的平台。同时，我也要感谢与我一起学习和成长的基地小伙伴们，是他们的支持、鼓励和扶持让我不断进步。未来，我将继续努力，不断探索，勇敢跨越挑战，继续砥砺前行。

三年研训蓄新力，砥砺前行共成长

揭阳第二中学　　李玲

时光清浅，岁月如歌。成为揭阳地理教研基地成员之一的旅程即将结束，回顾昨天，心怀感激，展望明天，向"新"而行。

3年来，揭阳地理学科教研基地为进一步理解新课标、明确新教材结构特点、关注新教材课堂教学要求，为加强基地教师专业化发展，学科基地组织了一系列教研培训、课例研讨活动，搭建了竞赛技能展示平台，在学科基地地理教师的共同努力下，揭阳基础教育教研活动朝着务实有序的方向发展，也给我带来了非常多启发和思考。

一、营造教研文化，促进专业成长

教研文化是教师成长的"小环境""小气候"。这两年多以来，本人不忘初心，克服困难，积极开展好教研工作，保障教学高质量开展。营建教研文化，以研促教，以教促发展，努力探索新课程背景下的高效课堂教学模式，开展深度教研，促进教师专业成长。

二、精准课堂教学，践行核心素养

在吴洁芬老师的引领下，本人深化课堂改革，推进核心素养培养的落地；

落实多次同课异构的课堂展示、研讨、打磨，指导校内老师听课，同时注重青年教师的培养，提高基地教师的课堂教学质量、继续深入开展教学改革。

三、加强理论学习，更新教育观念

在教研活动中，本人围绕教师专业发展的目标和青年教师培养计划，积极开展现代教育理论学习，新课标学习，聆听专家讲座、系列网络培训等。

四、注重地理实践，培养核心素养

提高学科核心素养，注重教师地理实践力的培养，将理论与实践有机融合，是地理课程改革的基本要求。本人立足于课堂，延伸于课外，积极参加研学比赛实践等活动，引领创新思维和教学模式的变革。

一分耕耘，一分收获。本人在这几年里较好地完成了既定的工作计划，取得了一定的成绩，今后将再接再厉，与时俱进，以更饱满的热情投入未来的工作，在教研之路上砥砺前行、大胆创新，继续落实地理学科核心素养的培养，以求实的态度，务实的作风力争获得更好的成绩。

基地领航促成长，见贤思齐勤实践

揭阳第一中学　胡奕冰

时光荏苒，岁月流转。3年时光，广东省基础教育（揭阳）高中地理学科教研基地一路向前，我的教学生涯也充实多彩，收获颇丰。

一、基地领航，搭建学习平台

自加入广东省基础教育（揭阳）高中地理学科教研基地以来，教研基地为我们搭建了学习平台，既有线上的研修、专家讲座、课例分享活动，又有线下的教研培训与实践活动，形式多样，内容丰富，带领成员走出学校，走出揭阳，让成员们的地理教研之路越走越宽，收获成长。

二、见贤思齐，走进情境教学

在新课程改革背景下，地理课程总目标是通过地理学科素养的培养，从地理教育角度落实立德树人任务，而情境教学法是培养学生核心素养的有效途径。这3年中，无论是参加培训和研修、观摩比赛与课例活动，还是参与广东教育学会中学地理教学专业委员会教育科学"十三五"规划课题，都使我对情境教学的认识一步一步地加深，并在探索中慢慢付诸实践。

关于情境教学，如何构建一个完整且符合学情的情境和问题链进行课堂的

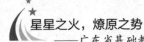

教学活动，是我在探索情境教学中耗费大量时间的一个问题，而通过参加培训与研修、观摩优秀课例活动，我认识到情境素材来源多样，可以取材自生活，也可以充分利用教材中的案例。例如，在中山市龙山中学王波老师分享的"地貌的观察"这一课例中，我学习到了如何充分地利用教材的素材。王波老师仅通过教材提供的"地貌观测者的视野范围图"和"黄土高原某地等高线地形图"两图就设计了关于地貌观察的顺序、地貌对自然环境和人类活动的影响的问题链，完成了研学情境教学。通过王波老师的分享，我才发现，原来一幅简单的图就可以设计出很多内容，既全面有效又有趣，这需要教师不断训练逻辑思维和发散思维，充分挖掘教材。

除了情境教学选材，研修与课例观摩还让我更进一步认识了情境教学的多种形式，如"一境到底"情境式教学和"单元式教学"。例如，从揭阳第一中学许裕婉老师"'一境到底'的情境式专题复习策略——以'工业'微专题为例"的讲座中，我进一步认识到要构建一个完整有效的情境，除了准确理解和把握课标、建构一个完整的知识网络，情境的设计还必须符合学生的认知，这要求我们充分掌握学生学情，做好教学衔接。此外，还需要不断提高自己的命题能力，设计出饱含逻辑的问题链。而"单元式教学"需要打破以往传统的教材教学顺序，在核心素养立意和课标要求下设计几个具有承接性和逻辑性的课时，帮助学生将零散的知识构建成一定逻辑的知识体系，这于我而言则是一个更大的挑战，还需要继续探索。

一个成功的情境教学案例设计是十分不易的，需要不断地思考和尝试，反复打磨，并在实践之后进行反思与总结。从这些优秀的老师们身上我看到了创新与细心，今后我会继续见贤思齐，不断提高自己的教学能力。

三、勤于实践，命题促进成长

教学需要情境化，命题也需要以情境为载体，提高命题能力有利于促进教师专业成长。在加入教研基地之后，基地成员的身份推动我走出自己的舒适圈，走出校外学习，几次命题比赛和揭阳市高中地理命题工作坊，也让我得到了锻炼与成长。

我参加了2021年揭阳市高中地理教师命题比赛（第一阶段）、2021年揭阳市高中地理教师现场命题比赛和第五届广东省中学地理教师命题比赛，一次次的试题命制和打磨过程让我对命制试题有了更加深刻的理解。在这3场比赛还有专家们的讲座中，我学习到了命制试题的方法，立德树人、选拔人才、引导教学是命题的核心。同时，我也在比赛过程中锻炼了自己的临场反应，还很荣幸能与其他几位优秀的老师一起合作交流。磨题的过程中，我体验到了团队合作的精神和快乐，也在我的队友们身上看到了认真负责与巧思妙想，每一次关于试题的讨论都让我豁然开朗，拓宽思维，得到成长，也让我收获了友谊。加入揭阳市高中地理命题工作坊之后，每月命制一题的任务也让我不断地训练自己的试题命制能力，每一次的"坊主"点评与磨题都让我对命题技巧有了新的思考和感悟，命题指导工作也促使我不断学习与反思。

道阻且长，行则将至。情境教学与原创命题之路漫漫，还需要我不断地尝试，反复摸索。教研是教师成长的必经之路，这3年的时光，我与基地共成长，基地的活动精彩不断，步履不停，也促进了我专业能力的提高，未来我定当踔厉奋发，笃行不怠。

研中学，教中悟

河婆中学　黄玉

3年前，我们一群志同道合的地理人在广东省基础教育（揭阳）高中地理学科教研基地项目负责人吴洁芬老师的带领下，走到了一起。在这个团队中，从教30多年的我是年龄最大的，但我依然觉得有很多东西需要学习，深感责任重大，且在新的课程改革时期，不进则退。在基地这个大家庭里，我一边做好本职工作，一边向周围年轻人学习新理念、新教材、新教法。3年来，（揭阳）高中地理学科教研基地给了我很多外出学习的机会和平台，收获满满。下面把我在基地3年的成长过程进行总结。

一、教学成长

无论是在高三还是高一，我都坚持深入研究《普通高中地理课程标准（2017年版2020年修订）》，向基地年轻老师学习新理念，积极挖掘提升学生学习兴趣的有效方式。用心打磨了3节公开课——"基于主题式情境教学的高三地理复习课——以'水量平衡'为例""基于乡土情境教学的高三地理复习课——以'河流地貌的发育'为例""高三地理复习课——流域的综合开发"，将自己对课程的理解充分融入了3节课中，获得了听课老师的好评。我还开设了"微专题"的复习课，如"大湖效应"等，获得听课老师和学生的好评，并将这些课例撰写成教学设计，在广东省中学地理教学设计评选活动中荣获一等奖和三等奖。2022学年，我积极研究高一新教材、新教法，努力实施新课标，并把教学中的想法撰写成论文《地理学研究方法在高中地理教学中的渗透——以人教版必修一"土壤"为例》，荣获2022年广东省中学地理论文评选活动二等奖。

二、科研成长

通过（揭阳）高中地理学科教研基地举办的各种课例展示的学习及线上专家的引领，我积极探索，对主题式教学、问题式教学、大单元教学都形成了个人独到的见解。例如，在高三复习课上讲"水量平衡"就运用了主题式情境教学方式，创设一个具有高度学习动机的情境来完成有效教学，切实提高地理课堂效率，落实地理学科核心素养的培养，达到预期效果；《三新背景下问题导学式教学设计——以人教版地理必修一"土壤的形成"为例》，通过有效的问题设计，引导学生运用地理的思维方式，建立与"问题"相关的知识结构，并能够分析问题，合理表达自己的观点，激发学生对地理学习的兴趣，增强学习信心；以人教版必修一"土壤"为例进行大单元教学，以地理学研究方法为逻辑起点，进而基于课标及教学内容，探讨地理学研究方法在高中地理教学中的课堂实施路径，通过把握课标内容中的学科思想方法，深度地使用教材，提升学生的地理思维，培育学科核心素养。我积极撰写论文，所写论文分别荣获2022年广东省中学地理教学论文评选活动二等奖、第二届"经纬杯"全国地理教学研究成果大赛二等奖。

主持揭阳市重点课题"核心素养下'微专题'在高三地理二轮复习中应用的实验研究"（2021年5月结题）、广东省课题"乡土地理课程资源在高中地理情境教学中的应用研究"（2022年7月立项，目前尚在研究当中）。

三、实践成长

努力把所学所悟传输给年轻老师，起到引领示范作用，分别在2021年、2022年、2023年举办3次市级讲座"加强原创命题，提升专业素养——高中地理试题命制方法探讨""地理原创题的命制技巧""浅谈地理原创命题素材的处理过程"；受大湾区地球科学知识竞赛暨全国邀请赛竞赛委员会邀请，参加多个省级讲座：第5期"地理老师眼中的'山海经'"活动中的"智者乐水，仁者乐山——地理老师眼中的'山'"和"地球科学知识竞赛暨全国邀请赛初赛试题分析"，以及"地球科学系列之基础地质学十讲"活动中的"第三讲'地球的圈层结构'"和"第八讲'岩石圈板块——地球的拼图'"等，受到与会同行的好评。

2021年11月，指导张友银等老师参加第五届广东省中学地理教师现场命题比赛（初中组）获三等奖；指导邱静红老师参加2022年揭阳市高中地理高效课堂微格课教学评选活动获一等奖；指导钟锐旋老师参加2022年揭阳市高中地理高效课堂微格课教学评选活动获二等奖；2022年5月，指导陈淑芸老师获广东省中学地理论文评选活动三等奖；2022年5月，指导邱静红老师获"华南师大中小学协同发展联盟"新课标新教材新高考背景下教学研究优秀论文评选与分享活动二等奖；2023年7月，指导陈淑芸等5位老师获2023年广东省高中地理研学实践成果交流展示活动二等奖；2023年10月，指导江泽君老师获第四届广东省中小学青年教师教学能力大赛揭阳市高中地理学科初赛（现场赛）一等奖。指导学生参加第四届广东省中学生地球科学竞赛暨第二届粤琼中学生地球科学竞赛（广东赛区）初赛和决赛，获"优秀指导老师"称号；2022年5月在第一届揭阳市高中生地理大阅读科普征文比赛中，积极组织学生参赛，被评为"科普教育优秀地理科组"；撰写文章，3次发表在《当代中学生报》。

四、研学旅行

在（揭阳）高中地理学科教研基地大家庭中，涌现出倪婉玲等研学旅行能手，在她们的影响下，我也带队研学，带领我的课题组年轻老师走向野外，设计地理研学课程的方案，在研学旅行中增进对地理课程的理解，指导年轻老师把研学成果应用在课堂中，并积极撰写相关论文和教学设计等，参加广东省中学地理教学论文、教学设计评选活动中斩获不错的成绩。例如，邱静红的《乡土资源在高中地理情境教学中的运用——以湖光村供港蔬菜基地农业区位因素的分析为例》获"华南师大中小学协同发展联盟"新课标新教材新高考背景下教学研究优秀论文评选活动二等奖；邱静红的《基于地理乡土资源开发的主题式单元教学研究》获2022年广东省中学地理教学论文评选活动二等奖；陈淑芸的《深度学习视角下的地理教学资源开发——以服务业区位因素及其变化为例》获2022年广东省中学地理论文评选活动三等奖；江泽君的《基于地理乡土资源开发的主题式单元教学研究》获2022年广东省中学地理教学论文评选活动二等奖；邱静红的《地貌的观察与识别——以"榕江河流地貌的观察与识别"为例》获2022年广东省中学地理教学设计评选活动二等奖；江泽君的《地貌的观察与识别——以"榕江河流地貌的观察与识别"为例》获2022年广东省中学地理教学设计评选活动二等奖。本人也积极撰写研学相关论文、教学设计，如《基于乡土情境教学的高三地理复习课——以"河流地貌的发育"为例》获2022年广东省中学地理教学设计评选活动三等奖；2023年8月，《开展乡土研学，发现自然之美——河流地貌研学旅行课程设计方案》获2023年全国研学课程设计大赛二等奖。

同时积极带领课题组年轻老师参加2023年7月在顺德举办的2023年广东省中学地理研学实践成果交流展示活动高中组的比赛，把课题组研学经验运用在比赛中，课题组陈淑芸等5位老师获2023年广东省高中地理研学实践成果交流展示活动二等奖。

五、未来可期

"水本无华，相荡乃成涟漪"，广东省基础教育（揭阳）高中地理学科教研基地是教师成长的重要依靠，教研活动是教师成长的关键力量，有难度的工作历练是成长的必经过程，其路漫漫，众行致远。带着满满的收获，基地项目即将结束，但我们的探索之路仍在继续，我们将继续保持好奇、保持热爱，期望我们不忘来时的愿景！我们聚是一团火，散是满天星，感恩遇见学科教研基地！

回眸展望，笃行致远

揭阳第一中学　姚莲君

春去秋来，已是三载。2021年4月，我有幸加入了揭阳市省级高中地理学科教研基地这个大家庭，开启了一段难忘而又收获满满的教学教研之旅。地理学科教研基地建设为我们青年教师搭建了一个可以潜心深入研究课程改革，钻研教研，并且有很多宝贵机会可以向省内教育专家、教学骨干和名师学习的绝佳平台，回首3年，我经历和收获了很多的"第一次"，这些宝贵的体验都将继续滋养我未来的教学教研生涯。我将3年来的教学教研工作总结如下。

一、紧跟基地步伐，努力提升自我

这3年中，地理学科教研基地开展了一系列教学教研活动，包括开展各类比赛活动，如教师教学能力比赛、解题比赛、命题比赛、微课视频制作比赛等，还有多次组织专业培训活动，具体通过集中研修、外出交流、同课异构、交流研讨等形式，为我们基地成员提供了许多展示自我、挑战自我的机会。其中，我也有了很多"第一次"的尝试，印象比较深的一次是2021年我第一次参加了揭阳市高中地理教师命题比赛。这次比赛让我有机会从过往的"解题者"身份转变成"命题者"身份，让我必须站在更高的角度去思考新课程改革下的高考命题方向，这对我来说是个不小的挑战。在此之前，我的命题经验几乎为零，我不得不从头开始，一边学习摸索，一边尝试命制，最终命出了一组关于"川藏铁路"的综合题，虽然只得到了二等奖，止步于第一轮比赛，但我从中意识到了自己与同辈青年教师在命题能力上存在不小的差距，需要在日后继续努力追赶，不能让自己落后太多。

另一次印象深刻的体验，是在2022年基地第二次研修活动暨揭阳汕头中山三市联合教研活动上，我担任了其中一场活动的主持人。活动中，揭阳华侨高级中学的卢燕卿老师带来了一堂高三一轮复习课例讲授，以及中山市教育教学研究室郝鹏翔老师带来了高三地理备考经验分享。这是我第一次在外市教育专家和本市教育专家共同参与的教研活动中担任主持人，以往我通常是台下的聆听者。整个活动过程中，我主要负责开场白、中场串词，以及把握各个活动环节时长等任务，还算忙中有序，最后顺利完成了这一次工作。这与平常作为地理教师日常授课相比，是一种截然不同的新鲜体验，让我感受到了自己在教学之外更多的可能性。

二、推广教研成果，践行日常教学

我一直深信教学教研成果可以对日常地理教学起到很好的反哺作用，因此在这3年中，我尽可能地把自己地理学科教研基地汲取到的营养推广到自己的高中地理教学之中。其中最主要的做法就是在课堂中开展基于情境的教学实践，并不断对主题情境教学课例进行完善。

情境教学是当前新课程改革的大势所趋，也是地理学科教研基地建设的核心内容。它与以往传统的教学方式大不相同，在备课过程中需要花费更多的时间精力去发掘合适的情境材料，重构课程内容框架，设置情境问题链条，最终形成一节完整的主题情境课堂，可以说每一堂课的呈现都需要绞尽脑汁。但是课堂呈现的效果也是显而易见的，不同于以往教师一味地"满堂灌"，主题情境教学更多以学生为主，这在一定程度上解放了老师，而学生的学习兴趣和积极性明显更浓厚，课堂气氛也更加活跃轻松，师生之间有了更好的互动。当然也并不是每一次的课堂呈现都是成功的，实际操作中也或多或少出现了问题，例如，如何更好地把控课堂时间、更好地设置情境问题的数量和难易程度等，都需要再反复揣摩，以期达到理想的效果，这也是我接下来还要继续摸索努力的方向。

三、反思不足之处，展望未来之路

3年的时光稍纵即逝，我虽然从中收获颇多，但也有不少的遗憾。地理学科教研基地在这3年中为我们提供了非常多的机会，但囿于我自己的个人能力和日常教学时间的冲突，有很多活动我都没能参与，尤其是外出教研活动。很遗憾我这3年来都没有一次离开揭阳的研修之旅真正成行，这使我的视野还是没有得以开阔，与其他同为基地成员的老师相比，我成长得相对更少，也更慢一些，这都是我应反思的地方。然而，3年的基地经历已然为我打开了一扇新的大门，让我有了向外、向远处前进的欲望和方向，基地的活动虽然即将结束，但我的教学教研之旅不会止步于此，未来我还要带着从基地活动中收获的教学教研新理念和新方法继续脚踏实地，砥砺前行。